9 781545 272817

زرافه

داستان واقعی یک زرافه از ژرفای آفریقا تا قلب پاریس

رمان

مایکل آلین

AFTAB
PUBLICATION
نشر آفتاب
۱۳۹۵

نشر آفتاب
ناشر سانسور شده‌ها، نشر بی سانسور

www.aftab.opersian.com
aftab.publication@gmail./com

AFTAB
PUBLICATION
نشر آفتاب
۱۳۹۵

زرافه

رمان

برگردان: زین‌العابدین آذرخش

Hovinveien 37 F
0576 Oslo, Nowway

www.aftab.opersian.com

aftab.publication@gmail./com

شناسنامه کتاب

نام کتاب	زرافه
نوع ادبی	رمان
نویسنده	مایکل آلین
مترجم	زین‌العابدین آذرخش
نوبت چاپ	چاپ اول
سال انتشار	۱۳۹۶ / ۲۰۱۷
صفحه آرایی	مهتاب محمدی
اجرای طرح جلد	نادیا ویشنوسکا
ناشر	نشر آفتاب
شابک	۹۷۸-۱۵۴۵۲۷۲۸۱۷

AFTAB
PUBLICATION
نشر آفتاب

پیش‌درآمد

«از میان حفره‌ای در دیوار به درون باغ گیاهان می‌آییم تا برای واپسین بار به گرد حیوانات چرخی بزنیم.»
جیمز ریکی «خداحافظی با باران»

سال‌ها پیش از این، قطعه شعر بالا نخستین جایی بود که تا آن زمان عبارت باغ گیاهان را در آنجا مشاهده کرده بودم. خداحافظی با باران منظومه‌ای است درباره یک پدر و پسر آمریکایی که واپسین دیدارشان از باغ وحش قدیمی پاریس واقع در پارکی که اینک «باغ گیاهان» خوانده می‌شود، به صورت آخرین بدرودشان با اروپا درآمد.

من این شعر را به خاطر «بهشت خیالی پاریس» و به سبب پسر کوچولوی خوشبختی که در آن بهشت بود و به جهت تناقض‌گویی کاوشگرانه‌ای که جوهر اصلی جیم ریکی بود، دوست دارم؛ آن تناقض‌گویی که بی‌رابطه‌گی شاعر با آنچه که

می‌بیند، او را دنبال می‌کند و به یافتن نسبت و رابطه‌ی خویش با آن، رهنمونش می‌گردد. جیم همواره می‌گفت: «دشوارترین چیز در جهان این است که از کاهی، کوهی بسازیم.»

از آن هنگام که برای نخستین بار شعر «خداحافظی با باران» را خواندم، همواره در جستجوی اشاره‌ای به «باغ گیاهان» بوده‌ام. به هنگام دانشجویی که نخست در کتابخانه‌ی کالج و سپس در یک کتابفروشی هم کار می‌کردم، جست‌وجوی باغ همگام با مشتی از وسوسه‌های افکار درونم، برایم به صورت یک عادت درآمده بود. حتی پیش از آن که کهن‌ترین درخت پاریس را به چشم ببینم، می‌دانستم که آن درخت در «باغ» روئیده بود، زیرا تاریخ بنای آن باغ به ۱۶۳۵ می‌رسد و این که کهن‌ترین و زیباترین ساختمان باغ وحش است که به شکل صلیب افتخار ناپلئونی می‌باشد. این باغ وحش که قدیم‌ترین باغ‌وحش شهری جهان به شمار می‌رود با حیواناتی آغاز به کار کرد که از دست توده‌های انقلاب فرانسه نجات داده شده بودند.

پس از گذشت سال‌ها به پاریس رسیدم. هنگامی که سرانجام در سال ۱۹۷۷ بدانجا رسیدم، در نخستین بامداد اقامتم همسرم را برای دیدار باغ گیاهان و سلام بر باران به همراه بردم. بهاری بی‌نقص بود؛ آفتابی و گرم. باغ‌های تودرتو از گل سرشار بودند. صف‌های بی‌انتهای درختان و شاه بلوط هندی با برگ‌های تازه‌شان با شکوه بودند اما «مارستان» کهنه و غم‌انگیز می‌نمود. ماران پیر شده بودند. این دیدار برایم یأس‌آور بود. یکی از نگهبانان باغ وحش، با بانگ بلند اعلام کرد که «داریم می‌بندیم» و ما و چند تن تماشاگر را به بیرون و به سوی پنجره بزرگی هدایت کرد که لانه و محوطه افعی از آن دیده می‌شد.

کلفتی اندام افعی به ضخامت ران من بود. او بخش اعظم قامت پانزده پایی خود را به طور عمودی بر لبه درونی پنجره

بالا آروده بود. سر افعی در معرض دید نبود ما در آغاز متوجه نشدیم که او یک مار است، زیرا که جثه‌اش بسیار بزرگ و مانند یک درخت خیس رنگی تیره و مات داشت. هنگامی که در آنجا بودیم شکافی به پهنای سه چهار اینچ در بدن مار — که کاملاً در معرض دید قرار داده شده بود- باز شد و شاهد بیرون آمدن تخم‌هایی بودیم که به آهستگی و تک تک از آن شکاف خارج می‌شدند. این تخم‌ها همچون قلوه سنگ‌هایی که هیچ یک با دیگری همانند نیست، بی‌شکل، نامرتب و نامناسب بودند. در مدخل در ورودی لانه افعی دو نگهبان با یونیفورم خاکی رنگ و زنی بود که بر روی لباس زردش روپوش سپید آزمایشگاه پوشیده بود، از شدت هیجان سر از پا نمی‌شناختند. نمی‌دانم بیرون آمدن تخم‌ها چه مدت طول کشید، از زمان آغاز تخم‌گذاری تا هنگامی که این عمل متوقف گشت، هفده تا شمرده بودیم.

سپس دو نگهبان پس از یک گفت‌وگوی پر حرارت از آن در وارد محوطه شدند. یکی از دو نگهبان با دست یک کیسه گونی در اطراف سر مار گرفته بود و می‌کوشید هنگامی که جانور شروع به پیچ و تاب کرده بود، آن را نگاه دارد (و از حرکتش جلوگیری کند) در حالی که نگهبان دیگر تخم‌ها را برداشته و به خانم موبور رد می‌کرد و او مانند همسر یک کشاورز که پیش‌بند پوشیده باشد، آن تخم‌ها را در دامن روپوش خود می‌ریخت.

هنگامی که کار رد کردن تخم‌ها توسط نگهبان و جمع کردن آنها به وسیله زن پایان یافت، نگهبان ردکننده تخم‌ها از محوطه بیرون رفت و آماده شد تا پس از آن که نگهدارنده گونی کیسه را به زمین افکند و از مار دور شد، با شتابی هرچه تمامتر در شیشه‌ای محوطه را ببندند.

پس از بسته شدن در، زن و دو نگهبان ناپدید و سپس دوباره ظاهر شدند و در حالی که در یک گروه فشرده با دستانشان گوشه‌های پیش‌بند پر از تخم را گرفته بودند با شتاب از مارستان خارج و پس از پیمودن سنگفرش محوطه به ساختمان دیگری وارد شدند.

بعد از رفتن آن سه تن و بسته شدن در ماردانی، مار کله گنده که در حالت افقی خود حتی ترسناک‌تر می‌نمود، بر زمین خزید و در اطراف قفس به جست‌وجو پرداخت.

***

پس از آن که بدین ترتیب مالکیت تجربی باغ گیاهان به من اعطا گشت وسوسه من نسبت به باغ مالکانه شد. و پس از بیست و پنج سال مطالعه فهرست‌های راهنما، یک روز در روزنامه نیویورکر به پاراگراف بهت‌آوری درباره‌ی زرافه برخوردم که به سال ۱۸۲۷ به باغ مزبور وارد شده بود - حیرت‌انگیز و شگفت‌آور از این لحاظ که نخستین زرافه‌ای بود که در آن زمان در فرانسه مشاهده شد، پس از ترک مصر، تمام راه میان مارسی و پاریس را پیاده طی کرده بود.

داستان ساده‌ای بود، یا من در آغاز چنین تصور می‌کردم، مبتنی بر تصویر عجیب و غریب و افسانه‌ای یک زرافه - زرافه‌ای که هدیه‌ی شاهانه محمدعلی نایب‌السلطنه مصر به شارل دهم پادشاه فرانسه بود - که در فصل بهار در روستاهای باشکوه فرانسه راه می‌پیمود.

با پژوهش درباره زرافه طی دهه‌ی بعدی دریافتم که سرگذشت او با افزوده شدن جزئیات (شرح و بسط‌های حیرت‌آور) توسط دانشمندان، روزنامه‌نگاران، تاریخ‌نویسان، داستان‌پردازان و نویسندگان کتب کودکان، کاریکاتوریست‌ها و نقاشان گفته و بازگفته شده بود. با این همه، از آنجا که قصد

داشتم شرح این ماجرا را به شکل داستان نقل کنم، نیازی به یافتن حقیقت احساس نمی‌کردم. نویسندگان و تاریخ‌نگاران زرافه و از جمله خودم دلباخته داستان، اسطوره‌ها و هم‌چنین زرافه شده بودند، و به سبب نفرین یکی از فراعنه مصر محکوم بر این بودیم که طلسم شگفتی‌ها را به جای حقایق به تاریخ بسپاریم.

من «زرافه» را ظرافه نام نهادم و در عالم خیال و تصور، او را در یکی از مزارع گل آفتاب‌گردان فرانسه در حال رفتن دیدم. اما هنگامی که درباره‌ی جریان ورود فوق‌العاده‌ی او به پاریس اطلاعات بیشتری به دست آوردم، حقایق گسترده چندان انگیزنده و گیرا بودند که محلی برای داستان‌پردازی به جای نمی‌گذاشتند. و وقتی که موجودات انسانی درگیر در سفر زرافه در تحقیقات من به عنوان چهره‌های زندگی واقعی رخ نمودند، نوشتن باز هم در قالب جالب توجه‌تری از تاریخ جای گرفت.

نخستین زرافه فرانسه، زاده‌ی اندیشه‌ی برنارد نیودروتی ژنرال کنسول خردمند و رسمی و مشاور خصوصی محمدعلی در سال ۱۸۲۴ بود. نایب‌السلطنه به خاطر نبردش بر علیه یونانیان در اروپا به صورت چهره‌ای غالب به پیشنهاد دروتی، خواهان جلب دوستی شارل دهم بود که در آن سال پادشاه شده بود.

دروتی و نایب‌السلطنه هر دو ترک دیار کرده و حادثه‌جویانی بودند که در اوایل سده نوزدهم به مصر آمده بودند. دروتی یک سرباز جوان ایتالیایی بود که به یک بوروکرات فرانسوی تبدیل شد و محمدعلی یک سرباز اجیر آلبانیایی در ارتش ترک امپراتوری عثمانی. هر دو مرد مانند زرافه هم جذاب بودند و هم مرگ‌آور.

محمدعلی پسر خود و هزار عرب دیگر را برای تحصیلات به اروپا گسیل داشت، در حالی که هزینه‌های نوگرایی خود را از

محل فروش بردگان افریقایی و تحمیل مالیات مصادره‌ای رعایایش تأمین می‌کرد. دروتی که رسماً یک دیپلمات بود، با جابه‌جا کردن حیوانات عجیب و غریب، عتیقه‌های مصر، مومیایی‌های اهرام و هرچه که مشتریان دولتمند اروپایی‌اش می‌خواستند، ثروتی گرد آورده بود.

دروتی به صورت یک دلال و کارشناس اجناس عتیقه چنان ورزیده بود که می‌توانست منافع پادشاه را تامین کند. رابطه دراز مدت با نایب‌السلطنه او را قدرتمندترین فرد اروپایی در مصر ساخته بود. وی به عنوان نخستین عمده‌فروش اجناس دزدیده شده از مقبره‌ها، در زمینه‌ی مصرشناسی نوین برای حامیان و رقیبان خویش خطرناک بود.

او تقریباً سی سال در مصر مشغول خدمت بود و اقلامی که از حفره‌های ناشناخته‌ی آثار باستانی استخراج کرده بود به صورت مجموعه‌ای بزرگ و موزه‌ای مجلل درآمده بود که اکنون در تورین، پاریس و برلین جای داشتند.

راه‌پیمایی زرافه از مارسی به پاریس آخرین مرحله یک سفر ۴۰ مایلی به شمار می‌رفت که دو سال پیش از آن در افریقای مرکزی آغاز کرده بود. او که به گاه خردسالی در بلندی‌های اتیوپی به وسیله شکارگران عرب دستگیر شده بود، بر پشت شتری به سنار و از آنجا به وسیله کشتی بر روی نیل آبی برای پرورش به خارطوم برده شده بود. از خارطوم جاده پر نشیب و فراز عبور بردگان را در امتداد شمالی طول نیل آبی (حدود ۲۰۰۰ مایل) تا قاهره و اسکندریه را (در مورد چگونگی این سفر میان نقل‌های گوناگون اتفاق نظر وجود ندارد) پیش از دریاپیمایی بر روی مدیترانه طی کرده بود.

دو عامل بقای زرافه را تضمین می‌کردند: ترس از خشم نایب‌السلطنه و کارشکنی دروتی در ارسال حیوانات افریقایی به

اروپا. در اسکندریه، دروتی مهتر خود؛ حسن را متصدی سفر به
فرانسه کرد و مستخدم سودانی خویش عطیر را نیز برای کمک
به همراه وی گسیل داشت. آنان سه ماه بر روی مدیترانه سفر
کردند، مردم در بیرون مارسی جمعاً سه روز انتظار کشیدند.
زرافه در طول این سفر با گردن و سر دراز خود که از میان
سوراخی که در عرشه کشتی ایجاد کرده بودند بیرون زده بود
در میان دیگر حیوانات موجود در کشتی طی طریق می‌کرد.

در زمانی که دیوان‌سالارها در مارسی و پاریس بر سر مسئول
هزینه‌های زرافه چانه می‌زدند، فرماندار مارسی به حیوان
علاقمند شده اصطبل ویژه‌ای در ملک خصوصی خود ساخت و
او را از میان شهر گذرانیده به آنجا برد. حسن و عطیر زمستان را
با او در اصطبل به سر بردند و به او آموختند که در شرایط
دشوار چگونه راه دراز را تحمل کند. راه‌پیمایی دراز به دست
زرافه در حومه مارسی سرانجام فرماندار و حسن را متقاعد
ساخت که زرافه خواهد توانست مسافت میان مارسی و پاریس
را در مقاطع کوتاه روزانه طی کند.

در روز ۲۰ می ۱۸۲۷، به رهبری جفری سنت هیلاری که
یکی از بهترین دانشمندان زمان خود بود، کاروان شروع به
حرکت کرد. در سال ۱۷۹۳ یعنی زمانی که انقلاب فرانسه
موزه‌ی ملی تاریخ طبیعی را بنا نهاد، سنت هیلاری ۲۱ ساله
جوان‌ترین استاد دوازده‌گانه بنیانگذار آن مؤسسه بود. این سنت
هیلاری بود که با حیوانات نجات‌یافته از دست توده‌های
حمله‌کننده به دانشگاه سلطنتی کاخ ورسای، باغ وحش پاریس
را آغاز کرده بود. هنوز سی ساله نشده از جمله افراد گروه
قهرمانی دانشمندان بود که ناپلئون را در لشگرکشی اش به مصر
در سال ۱۷۹۸ همراهی می‌کرد و او به مدت سه سال با ارتش
در آنجا درگیر بود.

و اکنون در پنجاه و پنج سالگی در حالی که از نقرس و روماتیسم رنج می‌برد، تنها مقامی واحد بود که پیاده سفر کردنش با زرافه نامحتمل می‌نمود. او در مارسی عرب شیطانی به نام یوسف که فرزند دوزبانه‌ی یک مصری پناهنده بود، را برای کمک به خود و ترجمان حسن و عطیر به استخدام درآورد. مسافرت از مارسی به پاریس در می و جون ۱۸۲۷ یک رژه پانصد و پنجاه مایلی بود که در طی آن چنان جاذبه‌ی رخ داده بود که پیش از آن دیده نشده بود. حرکت انبوه مردم پیرامون زرافه مثال زدنی بود. مردم از کشتزارها، مزارع و روستاهای دور بیرون می‌آمدند تا از این ترکیب حیوانات اساطیری زنده به شگفت درآیند - یک نوع شتر آرام و اسرارآمیز و شاخدار که کوهانش با دراز شدن گردنش صاف شده بود، پاهایش به بلندی یک انسان و سم‌های چون گاو داشت و نشانه‌هایی چون پلنگ و یک زبان بیست اینچی سرمه‌ای ماری حیرت‌آور.

در ضمن این سفر وضع مزاجی سنت هیلاری به وخامت گرایید و در پاریس مقامات به نگرانی او در مورد جمعیت روزافزون مردم بی‌اعتنا ماندند. هنگامی که کاروان به لیون رسید، زرافه از چنان شهرت و معروفیتی برخوردار شده بود که سی‌هزار تن برای دیدن او گرد آمدند. در پاریس از میان شهر عبور داده و به شاه معرفی شد.

این پایان مسافرت زرافه تنها آغاز احساسی بود که در پاریس به وجود آمد، جایی که زنان فریبا با بلند کردن موهای خود تقلید او را درآوردند و در خیابان‌ها و سالن‌ها مردان از کلاه و کراوات‌های زرافه‌ای استفاده کردند. اینک نخستین زرافه زنده فرانسه که به عنوان یک موجود افسانه‌ای زیبا ولی مبهم از او یاد می‌شد، به صورت یک شاخص ملی مایه رشک اروپا، موضوع آهنگ‌ها، آوازها، شعرها، نمایش‌های متنوع و گاه اثرهای هنری

شد. کار به جایی رسید که گوشه کنایه‌های سیاسی هم با زرافه تعبیر می‌شد و اسم میدان‌های عمومی و خیابان‌ها و رستوران‌ها و حتی یک گونه آنفلوانزا را زرافه نهادند.

عطیر با زرافه در پاریس ماند و به عربی شهرت یافت که در باغ نباتات در خوابگاه زرافه زندگی می‌کرد. او خود را به نردبانی می‌رسانید که در سطح سر زرافه قرار داشت و او از آنجا می‌توانست به سر حیوان دسترسی پیدا کند. تیمار زرافه نمایش روزانه‌ی او بود. در شب‌ها نیز به مرد زنان همسایگی شهرت داشت ...

***

من در پاییز سال ۱۹۹۶ کار تعقیب دوباره مسافرت زرافه را آغاز کردم. در روز شکرگزاری در سنار بر روی نیل آبی بودم. رودخانه در پایین شهر می‌پیچد و در جانب شمال پهن می‌گردد. اما در آنجا هیچ چیزی که اثری باشد بر جای مانده از زرافه و صدها هزار انسان اسیری که از آنجا عازم خارتوم می‌شدند، نبود. فردریک گایو مکتشف فرانسوی به سال ۱۸۲۱ در سنار زرافه‌بانی را مشاهده کرده بود. برده‌داران و شکارگران عرب به زودی آنها را سر به نیست کردند، به طوری که تنها سه سال بعد زرافه در ۲۰۰ مایلی خارج از آنجا به دام انداخته شد. هنگامی که نیل آبی را از سنار به خارتوم و در مسیر پایین نیل در مصر دنبال کردم، منطق طبیعی نیل این نکته را برای من روشن ساخت که زرافه می‌توانست به آسانی تمام راه تا اسکندریه دریاپیمایی کرده باشد.

در افریقا اثری از زرافه پیش از رسیدن به قاهره وجود ندارد. این اثر تا ۱۹۳۸ یعنی تا هنگام کشف آرشیو محمدعلی در

زیرزمین‌های مارآشیان زیر مقبره‌اش، از یادها رفته بود. در مطالب رسمی که محمدعلی در طی بیش از چهل سال سلطنت خود بر زبان آورد، به عربی برگردانده و نگاه داشته شده بود در آن سال ملک فاروق، واپسین فرماندهی محمدعلی دستور داد فهرستی از این اسناد تهیه شود. یکی از مدارکی که در میان آنها پیدا شد، دستورهای مربوط به «زرافه سنار» بود. این دستورها در اثنای نسخه‌برداری به عربی برگردانده نشدند و تنها برای یک روزنامه‌نگار اروپایی توضیح داده شدند و او با عشق و اشتیاق فراوان در نهایت داستان نخستین زرافه فرانسه را به یاد آن کشور انداخت.

از سنار تا خارتوم و نیل تا مصر و اسکندریه و در امتداد مدیترانه، مطالب غیردقیق اما پر ارزش این روزنامه‌نگار سرانجام مرا به گنجینه‌ای هدایت کرد که در آرشیوهای مارسی مدفون شده بودند - یک مخزن خاک‌آلود روبان بسته محتوی نامه‌ها، گزارش‌های اداری و فهرستی از خاطره‌های روز به روز اقامت زرافه در مارسی و سفر متعاقب او به پاریس در بهار، در ۱۷۰ سال پیش از آن.

این کشف معجزه‌آسا شرح دست اول آن قسمت از داستان زرافه را فاش ساخت، در حالی که روزنامه‌های قدیم لیون گزارش‌های شاهدان عینی بیشتری از سروصدا و جنجال را فراهم ساخت که «پادشاه مصر» و نگهبانان عجیب عرب او را استقبال می‌کردند. همان روزنامه‌ها انباشته بودند از خبرهای ضد اسلامی نبرد محمدعلی علیه یونانیان. زرافه در چنین زمانه‌ای زاده شد و داستان او در چهره‌نمای روابط تاریخی به شرح کشیده شد.

زرافه یک هدیه سلطنتی و غرض از آن ایجاد ارتباط میان مصر و فرانسه بود. زرافه فرستاده‌ای بود از جهانی دیگر، که

سفرش مانند سفر نیل، نقاط دور و غیرقابل تصور را در می‌نوردید. اما شخصیت‌های بین راه و ماجراهایی که آنها بوجود آورده‌اند، شگفتی‌های سفر زرافه به پاریس را می‌سازند. مصرشناسی دروتی در واقع با یورش ۱۷۹۸ ناپلئون به مصر آغاز شد که به نوبت صحنه را برای محمدعلی فراهم ساخت که فرانسوی‌ها نخستین شیفته‌گانش بودند و به این ترنیب درهای مصر با گذشته‌ی باستانی‌اش را نیز گشود. داستان زرافه از آغاز تا انجام و در همه‌ی سطوح، یکی از داستان‌های شیرین اروپای آن زمان است- به بغرنجی تجارت برده‌های افریقایی با رنسانس (عصر رونسانس) فراسه و به سادگی گمراه‌کننده نیل سپید و نیل آبی در رقابت است.

فصل ۱
دو افریقایی

در خارتوم، اکنون پل شامبت بر روی نقطه آغازین نیل طاق زده است. درست در جنوب این پل زبانه‌ی نوک‌تیز جزیره‌ی توتی قرار دارد که نیل سپید و نیل آبی بی‌آنکه با هم درآمیزند، در اطراف آن به هم می‌رسند و در آنجا تنها پهناهایشان به رودهای نوین متقارب می‌گردند.

نیل سپید در جانب باختر یا ۲۰۰۰ مایلی فاصله از سرچشمه‌اش در دریاچه ویکتوریا در خط استوا پهن‌تر و آهسته‌تر است.

نیل آبی تنها نیمی از این مسافت را طی کرده، راه جنوب در پیش گرفته، به شکل دلتا، دریاچه‌ی تانا به سوی شمال‌غربی راه پر پیچ و خم اتیوپی روان است. تلاطم نیل آبی آن را از وجود کرم پهن انگلی که تب حلزون نیز نامیده می‌شود و نشانه‌ی عمده‌اش اسهال است   تهی می‌سازد و از هنگامی که جهان سوم، جهان اول بوده آن را آلوده می‌کرده است.

در روزگار زرافه و پیش از آن وقتی که سدهای بالای رودخانه از سنار به بعد نیل آبی را رام و کند می‌کند، پهناورترین و نیرومندترین طغیان تابستانی را رقم می‌زند. این سفر نیل سفید را در انتهای جنوبی به جزایر کناره‌ی سد که مانند موجودی ناشناخته چمبر زده بود می‌رساند. هشتاد و پنج درصد رسوب نیل از نیل آبی می‌آمد که صحرای مصر را با لایه سیاه بلندی‌های اتیوپی بارور می‌کرد.

حتی امروز هم با وجود سد در دو سوی رودخانه‌ها، نیل آبی در تابستان تیره و آشفته بالا می‌آید - حتی در خارتوم آگوست، ماه طغیان است. در حالی نیل سفید که دیگر مانعی در سر راه ندارد، گسترده‌تر می‌خزد و چنان به پیش می‌رود که رنگ آبی شیری خود را از دست نمی‌دهد. در آن هنگام دو رودخانه از لحاظ رنگ و حالت در نهایت تضاد خود هستند، دو افریقایی دور دست پیش از درهم آمیختن تدریجی، فرسنگ‌ها با هم کلنجار می‌روند.

در پاییز این عدم تجانس فروکش می‌کند و به شکل دو جریان کمی متفاوت درمی‌آید که در کنار یکدیگر از زیر پل شامبات می‌گذرند و نیل آبی ژرف و شتابنده‌تر و واقعاً آبی است و نیل سپید در مقابل آن رنگ پریده و پیر می‌نماید؛ نیل سپید که حتی در هنگام فروکشیدن نیم مایل پهنا دارد، در خارج از جزیره‌ی توتی چندان کم‌ژرفا است که ماهی‌گیران از قایق‌های خود پا بیرون گذاشته تورشان را در میان نهر می‌گسترانند.

در کرانه خاوری، جنوب جزیره‌ی توتی دماغه‌ای وجود دارد که دو رود در اطراف آن جاری‌اند. ترکان مصری بر بالای این دماغه پاسگاه نظامی خود را ایجاد کردند که شد خارطوم. نام خارطوم از واژه عربی خرطوم فیل مشتق می‌شود که به زعم تاریخنگاران و کتاب راهنمای غربی بیان‌کننده شکل دماغه

است. اما خرطوم فیل اشاره به دماغه نیست. توضیح آنکه دست کم دو سده پیش از آنکه ترکان در سال ۱۸۲۴ پایتخت خود را در آنجا بنیان گذارند دهکده عربی به نام ماهاس این گوشه‌ی برآمده میان دو نیل را اشغال کرده بود. کهن‌ترین بخش از هفت قسمت دهکده‌ی ماهاس به وسیله‌ی شکل خرطوم آن شناخته می‌شد و این خرطوم صخره‌ی برآمده‌ای بود که هنوز در نزدیکی مسجد سده هفدهمی ماهاس؛ نخستین مسجد شهر در شرق دماغه به چشم می‌خورد. ترکان نام این بخش را به سبب شکل آن برای شهر خود برگزیدند.

اعراب ماهاس در همه دهکده‌های امتداد خمیدگی نیل علیا در سودان و نوبیه زندگی می‌کردند و هر جا که آنان به وجود این صخره برآمده از آب از نزدیک برخورد کردند، آنجا را خرطوم خواندند. پیش از ورود ترکان، هفت خرطوم در جنوب کالاشا وجود داشت، شش آبشار میان خارطوم و آسوان نیل که به طول هزار مایل از طریق خارطوم به شمال می‌پیچید.

پیش از سدهای قرن بیستم، شش آبشار میان خارطوم و آسوان راه نیل را سد می‌کردند که به طول هزار مایل از طریق خارطوم به شمال می‌پیچید - امروز تنها پنج آبشار از این شش تا به جای مانده‌اند، زیرا که دومین آبشار واقع در مرز مصر و سودان در عمق دریاچه ناصر جای گرفته است. آبشارها عملاً آبشار نیستند بلکه سدهای طبیعی هستند عبارت از صخره‌های فیلی رنگ که در سیل‌های تابستانی آب آنها را فرا می‌گیرد. به این ترتیب سنگرهای ترکان در اوایل سال‌های ۱۸۲۰ امنیت نیل علیا را تأمین می‌کرد. تا پیش از تأمین امنیت نیل علیا به وسیله سنگرهای ترکان در سال‌های ۱۸۲۰، آبشارها را هوم‌ها و دیگر قبایل جنگجوی مسلمان که در کناره‌های رودخانه زندگی

می‌کردند، بیش از آن که رودخانه را غیر قابل عبور کنند، آن را خطرناک می‌ساختند.

در سده‌های پیش از حضور ترکان، این قبایل بر کاروان‌هایی هجوم می‌بردند که افریقای مرکزی را با قاهره و جهان ارتباط می‌بخشیدند. کاروان‌ها که امنیت را در جمعیت می‌جستند، مجموعه‌ای بودند از بیگانگان و بازرگانان که پاره‌ای با همه‌ی افراد خانواده از بازاری به بازاری و از کاروانی به کاروانی در امتداد افریقا و خاورمیانه و حتی تمام راه تا چین در آمد و رفت بودند.

وحشت‌آفرین‌ترین قبایل مسلمان امتداد مسیر نیل به شقیا بود که در فاصله میان آبشار چهارم و پنجم جای داشت. کاروان‌های شمال به جنوب برای احتراز از برخورد با افراد این قبیله، نیل را رها کرده راه چهارصد مایلی خشک نیل در فاصله میان بربر و اسوان در امتداد صحرا را می‌نوردیدند. عبور از صحرا را اسکلت شترهایی نشانگرند که به سبب ناتوان بودن از ادامه راه قصابی شده و با قرار دادن مجسمه‌هایشان به سوی مکه، آنها را از پای می‌انداختند. افرادی که قادر به دنبال کردن سفر نبوده‌اند به وسیله همراهان غارت و در بیابان رها می‌شدند تا بمیرند یا به دست چپاولگرانی که کاروان را تعقیب کرده و انتظار می‌کشیدند، کشته شوند.

برای سده‌ها دو راه عمده‌ی کاروان‌رو امتداد افریقا - سنار تا مدیترانه، تیمبوکتو به دریای سرخ- راه‌های حمل برده به تمدن‌های متوالی غرب و شرق و در طول زمان به امریکا، بودند. این دو راه در بازار برده‌فروشان شندی که در شمال جنوبی‌ترین آبشار قرار داشت با یکدیگر تلاقی می‌کردند.

از هشت هزار سال پیش که تغییر آب و هوا صحرا را به وجود آورد - زمانی که زرافه‌ها و فیل‌ها و دیگر حیوانات دشت تا

مدیترانه را از گیاهانش پاک کردند- انسان در امتداد خمیدگی نیل علیا می‌زیسته است. حیوانات پیش از گرمای خشکی که تا هم‌اکنون آثار تاریخی باستانی مصر را حفظ کرده است، به سوی جنوب واپس نشستند. اما در نوپیا و سودان و هر یک از دو سوی رود، انسان در واحه‌ی باریکی به درازای صدها مایل به جای ماند و با سیستم آبیاری وسیع چرخ آب و استفاده از آب نیل با سطل خود را نگاه داشت و به زندگی خود ادامه داد.

باشندگان (ساکنان) دهکده‌های قدیم امتداد رودخانه میان شش آبشار به کاشت، داشت و برداشت غلات و باغ‌های میوه و جنگل‌ها و اقاقیاهای زرد گل پرداختند. (درخت صمغ عربی) صمغ گلوسوز درخت اقاقیا در برابر حشرات و رطوبت مقاوم است و اهالی نوبیا افزون بر کاربرد چوب آن برای زغال آن را در ساختن قایق، چرخ چاه و (چرخاب) (میله‌ای دراز متصل به یک چرخ یا محور و یک سطل در انتهای آن برای کشیدن آب از چاه) مورد استفاده قرار می‌دادند. آنگولا پایتخت این قلمرو باستانی هنوز به خاطر نخلستان‌های خرمای خود شهرت دارد. در پایین رودخانه از آنگولا شواهد باستانشناسی وجود دارد مبنی بر این که نوبیایی‌های نخستین در نهایت از نیروی کافی برای به بردگی گرفتن از میان اربابان پیشین یعنی مصریان فرعونی خود برخوردار شدند؛ و این اسیران مصری که گویا مورد نفرین نیاکان برده آنان قرار گرفته‌اند، زنده زنده با اجساد مالکان نوبیایی‌شان به خاک سپرده می‌شدند.

شاید تاریخ روزگار کهن نیل علیا دست‌کم تا حدودی به عنوان راه حمل برده موجب وقار مطبوع آگاهانه آمیخته با غم و اندوهی باشد که به نظر می‌رسد امروزه بسیاری از سودانیان از آن برخوردار می‌باشند. جمهوری سودان، با تنها چهل سال استقلال داشتن و بزرگترین کشور آفریقایی بودن، همیشه محل

تقاطع قومی و اقلیمی قاره‌ی آفرقا بوده است. درست در همانجا که در ۱۰۰۰۰ مایلی به سوی جنوب دشت و صحرا به جنگل بارانی می‌پیوندد آفریقای سفید و افریقای سیاه در سودان به یکدیگر برخورده با هم یکی می‌شوند، از رنگ تیره نوبیایی‌های صحرا گرفته تا آبنوس خیره‌کننده‌ی به سوی خط استوا.

برجسته‌ترین ترکیب بر روی نقشه سودان مارپیچ عظیمی است که نیل از سودان تا مرز مصر به وجود می‌آورد. حرف سین سودان که بر حسب تصادف جغرافیایی — واژه‌شناسی کلمه‌ای عربی برای «سیاهی» بومیانی است که مسلمانان نخستین در امتداد نیل علیا با آنان برخوردند.

***

تجارت برده‌ی محمدعلی موجب جلب اعراب شد که زرافه را اسیر و به خوبی از آن مراقبت کردند. بیرون آمدن از افریقای اصلی به سوی پایین نیل از میان دشت دیگر عبانی متعلق به جهانی دیگر می‌بایستی هم برای انسان و هم برای حیوان‌های اسیر سفری اسرارآمیز بوده باشد. در ابوسمیل میان آبشارهای دوم و اول به تازگی چهار فرعون غول‌پیکر که بر روی صخره جانب کرانه‌ی خاوری حجاری شدند کشف و بیرون آورده شدند؛ هر کدام از این مجموعه‌ها با چهره‌ی عظیم سیاه رامسس دوم بیشتر به اسیران ماننداند تا اسیرکنندگان قایق‌های بادبانی گذرنده. در قاهره ابوالهول که آن نیز رنگی تیره دارد تا قرن بیستم تا گلو در شن فرو رفته و بی‌پیکر بود، درخشندگی خیره کننده‌ای دارد. بخش عمده‌ی مصر باستانی هنوز در صحرا و یا معبدها و کاریزهای کشف نشده مدفون هستند. آن بخش از ابوسمیل در جنوب تا ابوالهول در شمال که در روزگار زرافه قابل دیدن بود، این تصور را در ذهن مسافران نیل به وجود آورد که آنان به سرزمین نژاد منقرض غولان پای نهاده‌اند.

مصرشناسی همانند داستان محمدعلی و زرافه‌ای که به پاریس فرستاد، با یورش ناپلئون به مصر آغاز گشت. بیست و هشت سال پیش از سفر زرافه از نیل سپاهیان فرانسوی تصاویر گرافیتی خود را بر آثار باستانی بر جای نهاده و فاجعه عظیم پیروزی خود که نابود کردن تندیس‌ها بود را ترک کرده بودند. هنگامی که زرافه وارد اسکندریه شد، کشتی‌های شکسته آنان بر ساحل پراکنده شده بود. گرچه در آن هنگام، شکست نظامی اکتشاف به صورت یادگاری‌های گرافیتی بر تندیس‌ها به شکل حقیقت روشنفکرانه درآمده بود، اما سبب شد فرانسه و مصر وحدتی دو جانبه و جذاب با هم داشته باشند.

فصل ۲
کابوسی افسونگرانه

بازیابی مصر باستان را به ناپلئون و سربازان و دانشمندان سفر اکتشافی او در سال ۱۷۹۸ مدیونیم. ایمان روشنفکرانه‌ای که در قرن هفدهم در فکر و ذهن جامعه انسانی پدیدار گشت، آتش انقلاب‌های دمکراتیک را در امریکا و فرانسه روشن کرده بود و این یورش نظامی و علمی جهانی دیگر، نخستین حادثه بزرگ دوران جدید بود.

هنگامی که فرانسه در ۲۱ ژانویه سال ۱۷۹۳ سر لوئی شانزدهم را از تن او جدا کرد، ناپلئون ۲۳ ساله، افسر دون‌پایه توپخانه بود که در اواخر شب در امتداد رود سن به فکر خودکشی کردن بود. درست پنج سال بعد، ژنرال ناپلئون کشور خود را به سوی پیروزی بر نیروهایی رهبری می‌کرد که انقلاب آنها را به وجود آورده بود. فرانسه یک تنه در برابر تمام اروپا ایستاده بود، و ناپلئون الهام‌بخش یک ملت قهرمان بود.

جمهوری تازه فرانسه، سرشار از پیروزی‌های درخشان ژنرال جوان در ایتالیا و اتریش سپاسگزارانه فرماندهی ارتش را به ناپلئون پیشنهاد کرد که برای یورش بر انگلستان در برست تشکیل یافته بود.

ناپلئون با در نظر گرفتن ناممکن بودن این یورش بر علیه قدرت دریایی برتر بریتانیا آن را رد کرد. اما پیشنهاد کرد که برای منحرف کردن توجه نیروهای دریایی متحد انگلیسی و اسپانیایی از منطقه‌ی مدیترانه، تدارکات هم‌چنان دنبال شود. این کار ارتش دوم بزرگ فرانسه را قادر می‌ساخت که مخفیانه از بندرهای گوناگون مدیترانه سوار بر کشتی شده در دریا گرد آمد و به سوی مصر راه نوردد، از آنجا از راه زمین به خاورمیانه رهسپار گردد و در نهایت گوهر امپراتوری یعنی هند را مورد تهدید قرار دهد.

دولت تأیید این نقشه متهورانه را تا آوریل ۱۷۹۸ به تأخیر انداخته؛ اما نبوغ سازماندهی ناپلئون، ارتش عظیم شرق را آماده ساخت تا در سومین روز از ماه می از تولون، ژنو، اجاسیو و سی‌وی‌تاوچیا راه دریا در پیش گیرد. نهان‌کاری عملیات چندان جدی و محکم بود که تقریباً همه‌ی ده هزار تن شرکت‌کننده از مقصدی که در پیش داشتند، بی‌خبر بودند. و برایشان فرقی هم نمی‌کرد، زیرا که وفاداری انضباط یافته آنان نسبت به ناپلئون چنین اقتضا می‌کرد.

دومی‌نیک ویوان دنون مأمور تهیه مطالب مستند راجع به ناپلئون که با نیروی عمده با کشتی از تولون راه افتاده بود، مجموع ناوگان حدوداً ۴۰۰ کشتی را به مثابه شناوری توصیف می‌کند که دریا را پوشانده بود. در شعله غروب آفتاب آن ناوگان به صورت تصویر پادشاه درمی‌آید. گویی آن شهر یگانه‌ای که خاور و باختر به طور مجازی در آن با یکدیگر دیدار می‌کنند،

خود را به آب انداخته بود تا ملازمان ناپلئون تمثیل خردمندی
را تا خاور دنبال کنند. آنان در زمره‌ی ۱۵۴ تن دانایانی بودند
که ارتش را همراهی می‌کردند. تنها کسانی که بر عرشه کشتی
دریادار به سوی شرق، سوار بودند می‌دانستند که فرمانده ۲۸
ساله‌ی این ماجراجویی عظیم در بیشتر طول سفر دریازده بود.

نیرنگی که در برست به کار زده شد، مؤثر بود. کارگران
انگلستان و اسپانیا در نظارت بر مدیترانه سهل‌انگاری کردند زیرا
معتقد بودند که کشتی‌های فرانسوی برای رسیدن به اقیانوس
اطلس از طریق جبل‌الطارق رهسپار باختر خواهند شد تا به
یورش قریب‌الوقوع انگلستان بپیوندند. ناوگان ناپلئون از برخورد
با دشمن احتراز می‌جست و پس از تصرف مالت و بر جای
نهادن چهارهزار تن ارتش برای نگاهداری آن، در اول ژوئیه وارد
اسکندریه شد.

ناپلئون یک نیروی پیشتاز ۵۰۰۰ نفری را به ساحل هدایت
کرد تا سنگر را در شب تصرف برای تضمین پیاده شدن
نیروهایش در اختیار داشته باشند تا بتوانند با نیروی دشمن
برخورد یا نیروی مقاومت تأمین کند.

در طی چند روز بعدی، ۲۹ هزار سرباز باقی‌مانده با سلاح؛ و
تدارکات‌شان (لوازم و آذوقه- تجهیزات خود) به ساحل پای
نهادند.

ناپلئون با آگاهی از این که در صورت پیدا شدن سر و کله
انگلیس با ناوگانش به صورت هدف‌های ساکنی در خواهد آمد،
دستور داد تا ناوگان پس از اتمام تخلیه بار خود، به سوی محل
امن رهسپار شود. در تاریخ ۷ جولای ناپلئون و ارتشش
راه‌پیمایی اجباری خود را در امتداد بیابان به سوی قاهره و
ممالک آغاز کردند.

سنت برده‌داری (مملوک) پدیده‌ی فرهنگی عجیب و غریب اوایل اسلام بود. این پدیده در اصل تشکیل می‌یافت از یک طبقه بردگان غیر عرب اورازیان- منحصراً پسران که دستگیر نشده، بلکه با افتخار توسط چادرنشین بدوی خود به فروش رفته بودند- که برای خدمت سربازی حرفه‌ای در ارتش‌های فرمانروایان مسلمان تربیت شده بودند. در سده‌ی سیزدهم این بردگان جنگجوی چشم‌آبی - مملوک در عربی به معنی کسی است که تملک و تصاحب شده باشد- جامعه‌ی بسته‌ی خود را توسعه داده بودند. این سربازان تربیت شده تنها به بالاترین پیشنهاددهنده وفادار بودند. در سال ۱۲۵۸ مغولان (چنگیزخان) بغداد را غارت کردند که در آن هنگام پایتخت امپراتوری اسلامی بود. برده‌های نقاط دیگر فرصت را برای دست‌اندازی بر اربابان خویش که در پنجه‌ی هجوم چنگیز ناتوان شده بودند مغتنم شمرده به زودی در بسیاری از مناطق خاورمیانه و با بیشترین قدرت در مصر فرمان راندند. در میان آنها بیبرس نخستین کودکی که برایش بهایی سنگین پرداخته بودند، سلطان مصر شد. همچنین به سبب مبلغ هنگفتی که در معامله‌ها هزینه کرده بودند، به هزاری شهرت داشت.

جنگ‌آوران وحشی و مبارزان میدانی که خود را وقف توطئه‌چینی و خشونت فرقه‌ای کرده بودند، ازدواج نکرده و همجنس‌باز بودند. اینان به نوبت و در مبارزه جای خود را با بردگان اروپا-آسیایی پر می‌کردند. برده های مصر به صورت همتاهای فاسد شرقی شوالیه‌های قرون وسطی اروپا درآمدند که آنها را در جنگ صلیبی هفتم ۵۴-۱۲۴۸ شکست دادند. لوئی نهم پادشاه فرانسه و تمام ارتش ۱۵ تا ۲۵ هزار جنگجویش پس از یک پیروزی، اسیر و برای گرفتن جزیه نگاهداری شدند.

طبقه ۲۰ هزار نفره ممالیک مصر حتی پس از انقیاد در امپراتوری عثمانی در سال ۱۵۱۷ مستقل باقی ماندند. قاهره به قسطنطنیه باج می‌پرداخت، اما جمعیت بومی ظالمانه به وسیله ممالک استثمار شدند. آنان دست و دلبازانه با چنان ریزه‌کاری نامتجانس زندگی می‌کردند که از هر اروپایی عموماً چنین برمی‌آید که گویا نویسندگان‌شان از مجالس عیش و نوش‌شان یکه خورده اما از آرایش آنها شگفت‌زده بودند. شرق‌شناس انگلیسی اواخر سده‌ی نوزدهم در مورد ممالیک چنین نوشت: «یک دسته از ماجراجویان بی‌قانون، اصلاً برده، قصاب انتخابی، تشنه‌ی خون، و غالباً خیانتکار؛ این پادشاهان برده علاقه‌ی شدیدی به هنر داشتند. این گروه اعتباری اگر داشتند، به‌واسطه‌ی ویژگی بی‌تمدنی فرمانروایانی بود که تا کنون بر اورنگ قسطنطنیه تکیه زده بودند.

ناپلئون نیز در نخستین دیدار، ارتش ۳۰۰۰ نفری مملوک را تحسین می‌کند که چندان شجاع بودند که از کشمکش و زدوخورد با ارتش بسیار پرنفراتش باک نداشتند: «گروهی عالی از مردان اسب‌سوار، با درخشش زر و سیم‌های‌شان، مجهز به بهترین تفنگ و هفت‌تیرهای لندن و نیکوترین شمشیرهای خاور سوار بر خوب‌ترین اسب‌های ماده».

اما هفت روز بعد در نبرد اهرام که در ۲۱ جولای ۱۷۹۸ رخ داد، شش هزار اسب‌سوار مملوک در زیر آتش هماورد توپخانه فرانسه زیر آتش نبودند. آخرین حمله‌ی خودکشانه ممالیک را چنین توصیف می‌کند: «بهترین اسب‌سواران شرق و شاید سراسر جهان، لشگر کوچکی آماده با تیر و سرنیزه؛ پاره‌ای از آنان بودند که لباس‌شان با تفنگ‌های ما شعله‌ور بود».

بسیاری از ممالیک عقب نشسته در نیل غرق شدند، در حالی که بازماندگان در بالای رودخانه و دشت پراکنده گشتند.

روز بعد قاهره تسلیم شد و کلیدهای شهر را به ناپلئون سپرد. پنج سده فرمانروایی ممالیک بر مصر یک شبه خاتمه یافته بود.

در همین اثنا، در اسکندریه بیشتر ناوگان جنگی فرانسه آنجا را ترک کرده بودند. اما هوای بد راه را بسته و کشتی‌های جنگی پاسدار را چندان از حرکت بازداشته بود که انگلیسی‌ها آنها را یافته بودند. در اول اوت، یازده روز پس از نبرد اهرام، کشتی‌های انگلیسی زیر فرماندهی دریادار هراسیو نلسون یک چشم و یک دست ناوگان فرانسه را در خلیج ابوکیر به دام انداخته و آن را نابود کردند. تخته پاره‌های کشتی‌های شکسته بر دوازده مایل از ساحل پراکنده شده، ده سال در آنجا باقی ماندند.

تنها چهار کشتی ناپلئون از نابودی در ابوکیر در رفتند. با همان شتابی که ممالیک مصر را از دست داده بودند، فرانسویان مغلوب انگلیس شدند. ناوگان انگلیس تنها با از دست دادن ۲۱۸ نفر و زخمی شدن ۶۷۲ نفر ملوان به طور مؤثر ناپلئون و ۳۴۰۰۰ سربازش را به اسارت درآورده بودند. در وطن، صلحی که با پیروزی‌هایش به دست آمده بود، غیر قابل اجرا شد و در ظرف ماه‌ها یک فرانسه ناتوان شده و پر هرج و مرج تقریباً با تمام اروپا به جنگ بازگشت.

***

برای ناپلئون، مصر به صورت رؤیای رد پای جذابی درآمد که وی آن را «دلپذیرترین دوران زندگیم، آزاد از قیدوبندهای خسته‌کننده‌ی   تمدن»، توصیف کرد. سال بعد در افریقا و خاورمیانه، تضادهای نبوغش که بعداً مورد تحسین و موجب هم‌چشمی محمدعلی شد، با نیروی تمام آشکار گشت.

در قاهره ناپلئون در کاخ آراسته با مبلمان گرانبها و مجلل خویش بر روی زمین و با دست غذا می‌خورد. دستار بر سر

می‌نهاد و بر شتری سوار می‌شد که بعداً سال‌ها در موزه‌ی ایالتی فرانسه به نمایش گذاشته شد.

ناپلئون به هنگام اقامت در مصر به اقتضای سیاست عملی به اسلام درآمد و روشنفکران عرب بومی را در جرگه دانش‌پژوهان فرانسوی در فرهنگستان علمی خود یعنی «انجمن مصر» وارد ساخت.

جوزف فوریه فیزیکدان به ریاست دائمی شورای علمی مصر که ۴۸ عضو داشت منصوب گشت. شورایی که جوان‌ترین عضو آن بیست و هشت ساله بود. ناپلئون چندان از گزینش خود به استادی ریاضی آنان مفتخر بود که از حضور در هیچ جلسه‌ای غفلت نمی‌کرد.

با اینهمه سه ماه پس از اشغال روشنفکری فرانسه، قاهره سر به شورش برداشت که ناپلئون با گردن زدن شورشیان مسلح، آن را فرو خوابانید. بعداً، از آنجا که ناپلئون پس از پیروزی خود در یافا منطقاً نمی‌توانست همه کسانی را که پس از پیروزی او در دریا، سر تسلیم فرو آورده بودند را به اسارت گیرد، او و افسرانش ۳۰۰ تن را آزاد کرده و دستور داد ۲۴۴۱ سرباز ترک تیرباران شوند و کمی بعدتر برای ذخیره کردن مهمات دستور داد با سرنیزه از میان برداشته شوند.

در آگوست سال ۱۷۹۹، هنگامی که ناپلئون تازه به سی سالگی رسیده بود، هرج و مرج سیاسی در پاریس او را واداشت تا ارتش خود را در مصر رها کند. او تنها با سران ارتش و چند روشنفکر قاهره را ترک گفت. بیشتر آنها تا رسیدن به اسکندریه نمی‌دانستند که می‌خواهند راه بلوکه شده‌ی انگلیس را پشت سر گذاشته و در اسکندریه پیاده شوند.

هنگامی که نامه ناپلئون، جنرال ژان پاپ تسیت کلبر را آگاه ساخت که به فرماندهی ارتش در مصر منصوب شده است،

امپراتور خاک مصر را پشت سر گذاشته بود تا مأموریت خود در فرانسه را انجام دهد. کلبر که از عزیمت پنهانی ناپلئون سخت به خشم آمده بود چنین گفت: «نادان ما را با خشتک پر از نجاست رها کرده است، ما به اروپا باز می‌گردیم و آن‌ها را به صورتش خواهیم مالید.» ناپلئون به کلبر دستور داد که منتظر نیروی تازه‌نفس از فرانسه باشد و چنانچه در ظرف نه ماه این نیرو نرسید، یا اگر ۱۵۰۰ تن در اثر طاعون جان خود را از دست دادند، کلبر می‌تواند تسلیم شود. کلبر چهار ماه صبر کرد. سپس تحمیل سختی بر سربازان خود را رد کرده، به اتحادیه انگلیسی-ترکی تسلیم شد.

بریتانیا و فرانسه از اول فوریه سال ۱۷۹۳، پانزده روز پس از گردن زدن لویی شانزدهم در حال جنگ بودند. هر کشوری که با فرانسویان دشمنی داشت، خود را متحد انگلستان یافت، و قسطنطنیه از اعلام شرایط تسلیم کلبر به شدت خوشحال بود. اما دولت بریتانیا از پذیرش شرایط سودمند به بهانه‌ی بسیار ساده و ملایم بودنش خودداری ورزید.

فرانسویان به حفریات خود ادامه دادند که از آن تاریخ هجده ماه طول کشید. هجده ماهی که در طی آن کلبر با چاقوی یک مسلمان به قتل رسید. به منظور ترساندن قاطبه مردم، قاتل بر طبق شریعت اسلام در ملأ عام اعدام شد. دستی که جنایت با آن انجام گرفته بود تا آرنج سوزانده شد، سپس برای مرگ تدریجی به وسیله سوراخ کردن بدنش به پایین آورده شد.

سوزانده شده‌ی بدن وی به موزه ملی تاریخ طبیعی در پاریس منتقل شد که بیست و پنج سال بعد دانشجویان عرب مبادله‌ای محمدعلی گزارش دادند که آنها را به صورت مومیایی دیده بودند.

کمتر از نیمی از ۳۴ هزار نیروی ناپلئون که در ۱۷۹۸ در مصر پیاده شده بودند، سرانجام سال ۱۸۰۱ به یک نیروی مهاجم انگلیسی و ترک تسلیم گشتند. یکی از افراد این نیرو محمدعلی بود که در آن موقع افسر دون‌پایه و گمنام میان سربازان اجیر آلبانیایی به شمار می‌رفت. به موجب یک افسانه، هنگامی که وی در ساحل پیاده شد، او را در امواج خشن دریا انداختند. و سربازان انگلیسی او را از غرق شدن نجات دادند.

***

ناپلئون در اصل با یک نیروی ترکیبی ۵۴۰۰۰ نفری- ۳۸۰۰۰ سرباز پیاده، ۱۶۰۰۰ سرباز نیروی دریایی و ۱۵۴ دانشمند و کتابخانه‌ای محتوی ۲۸۷ کتاب راه دریا در پیش گرفت. اقدام بعدی محمدعلی در مدرن‌سازی مصر با نشریات چاپی شروع شد. در نبرد با ناپلئون به آنجا رسیده بود که ناپلئون آنها را همراه آورده بود؛ نشریاتی که ناپلئون حروف عربی و فرانسه را برای آنها آورده بود. در یکی از مهمانی‌های ناپلئون در قاهره، هر صحافی ترجمه‌ی قرآن و کتاب «حقوق بشر» توماس مان را به زبان مورد احترامش بر روی تشکچه‌ی خود می‌یافت ...

اسلام تا آن وقت کتاب‌های چاپی را به عنوان «اهانت یا موهن به مقدسات رد کرده بود- خطاطی «ملکه عرب» شمرده می‌شد - که جهان عرب را اگر نه به روشنفکر، اما مطمئناً به اعتبار جمود فنی در رویارویی با غرب محکوم می‌کرد. تجربه فنی غرب بر قابل قبول بودن اطلاعات بنا شده بود. عرب‌ها ستارگان را نام‌گذاری کرده، اما دانش مشترک اروپا آتش را از آنها به سرقت برده بود. در آخرین دهه سده‌ی هجدهم، حتی با

آن که همه اروپا در حال جنگ بود، همه کشتی‌ها تقویم (راهنمای) دریایی انگلیسی را مورد استفاده قرار می‌دادند. در حالی که مسلمانان در هر جا که بودند، به سوی مکه نماز می‌گزاردند، کشتی‌های اروپایی و مکتشفان با گرینویچ همکاری می‌کردند.

عادت ناپلئون به کتاب خواندن در حال سواری در رأس ارتش، جدا کردن برگ‌هایی که خوانده شده و پرت کردن آن‌ها از بالای سرش، طوری که همه‌ی فرماندهان و بعد سرباز به سرباز از آن استفاده کنند و یا خواندن به صدای بلند برای گروه تا انتهای صفوف، تصویر نمونه‌ای از روشنفکری اروپایی به هنگام راه‌پیمایی به چشم می‌خورد.

ناپلئون همگام با لشگر عظیم شرق، هیأت دانش‌پژوهان خود را هم که نقش دانشنامه او داشتند را با خود آورد - دانش‌پژوه و کاردان‌هایی که از انجمن فرانسه استخدام شده بودند: مهندسان، ریاضی‌دانان، باستان‌شناسان، جانورشناسان، معدن‌شناسان، فیزیکدانان، شیمی‌دانان، اقتصاددانان، عرب‌شناسان، جغرافی‌دانان، نقشه‌کشان، ستاره‌شناسان، نقاشان، شاعران و حتی یک موسیقی‌شناس- که تقریباً همه آنان با ارتش در مصر به جای گذارده شدند.

در طی آن سه سال، دانش‌پژوهان همه چیز را درباره‌ی مصر مورد بررسی قرار دادند - آثار تاریخی باستانی و ساکنان معاصر، امکان‌پذیر بودن کانال‌کشی از دریای سرخ تا مدیترانه (هنگامی که اشتباهاً دریای سرخ را سی و سه پا مرتفع‌تر از دریای مدیترانه به حساب آورد، این طرح ترک شد)، طغیان سالانه‌ی نیل، گیاهان و جانوران و به ویژه ظهور اسرارآمیز بچه تمساحان، پدیده‌شناسی سراب، ارزش دارویی مومیایی‌ها (که قرن‌ها بعد به اروپاییان فروخته می‌شد، کالایی به سودآوری ادویه.) مجموعه

این مطالعات به صورت کتاب تاریخی «توصیف مصر» درآمد. رفتار او چنان جاه‌طلبانه بود که نخستین جلد از ۲۴ مجلد نهایی آن تا ۱۸۰۹ و آخرین آن تا ۱۸۲۸ در پاریس به چاپ نرسید. حدود سیصد هنرمند و چاپچی نیز در این شاهکار به هم پیوسته‌ی روشنفکری شرکت جستند. هنگامی که درباره‌ی «توصیف مصر» سخنان را بر زبان آورد: «ما زیباترین اثری را که یک ملت می‌توانست بر عهده بگیرد را گرد آورده‌ایم. این کار را به یاد سوگواری همه‌ی سربازانی که پس از آن همه عملیات افتخارآمیز در مصر از پای درآمدند، انجام دادیم. اکنون روح سربازان و جان بازماندگانشان به دلیل آفرینش اثری چنین ارزشمند تسلا می‌یابد.»

اما این دومینیک ریوان دنون بود که برای نخستین بار مصر را به فرانسه آورد. هنرمند- نمایشنامه‌نویس- سیاستمدار- قصه‌نویس- مستندنویس، ناپلئون ارتش را در تعقیب ممالیک تا بالای نیل و درون نوبیه همراهی کرده، در زیر آتش توپ و تفنگ طرح خود را نوشته غالباً برای فرار از مرگ و نجات خود یادداشت‌ها را قطع کرده بود. با خوش‌شانسی اتفاقی که از خصوصیات سراسر زندگیش بود، او درست سر وقت به قاهره رسید تا ناپلئون را در بازگشت به پاریس همراهی کند؟

نقاشی‌های مفصل دنون و حکایات مشهور هیجان‌انگیز نبرد - چون «عزیمت به سوی ناشناخته» - آغاز می‌شد یا بیش از یک سال در دانش‌پژوهانه‌ترین اثر دانش‌پژوهان که وی قصه‌نگار و نماینده‌ی مطبوعاتی ایشان شده بود.

شکست در مصر تنها جنبه نظامی داشت. برای دانشوران که پژوهش و گردآوری مشتاقانه خود را به هنگام گیر افتادن با ارتش دنبال می‌کردند، آن سه سال یک پیروزی و به فکر انسان بودن بود. ماجرای سفر ناپلئون تجربه‌ی تعیین‌کننده و جوان

افسانه‌ای هم نسل‌های روشنفکر فرانسه شد. «همان مصرشناسی که آنان را به اروپا بازگرداندند، به صورت جاذبه‌ی رومانتیک عصر نوین درآمد. و الهام بخش آن فرانسوای شامپولیون ده ساله شد برای مطالعه‌ی زبان‌های شرقی که او به وسیله آنها هیروگلیف سنگ روزتا را در ۱۸۲۲ تفسیر کرد. ناپلئون یک سال پیش از آن چشم از جهان فروبست، اما دانش‌پژوهان بجای مانده‌اش موفقیت شامپو لیون را به مثابه بزرگترین پیروزی سردار خود جشن گرفتند.

فصل ۳
رنسانس بربریت

تحسین و تمجید طولانی محمدعلی نسبت به فرانسویان هنگامی آغاز شد که وی در ماه مارس سال ۱۸۰۱ برای نبرد با آنان به مصر پا نهاد. هنگامی که سرانجام در ژوئیه ۱۸۰۱ انگلیسی‌ها اجازه دادند فرانسویان خاک مصر را ترک و با کشتی عازم دیار خود شوند، ترک قدرت و نتیجه ناشی از آن موجب شد که محمدعلی در قاهره در رأس ارتش قرار گیرد. چهار سال خونین همراه با مرگ و زوال ممالیک باقی‌مانده و دیگر دشمنان، موجب شد که این فرمانده دون‌پایه آدمکش و مزدور، نایب‌السلطنه عثمانی در مصر شود.

محمدعلی که تنها در برابر سلطان در قسطنطنیه پاسخگو بود، در عمل از ۱۸۰۵ تا به هنگام مرگش در ۱۸۴۹، مالک مصر شده بود. او از آغاز به اعتبار مجیزگویی‌هایش در برابر اروپا، بین فرمانروایان مسلمان یگانه و بی‌همتا بود. اما با ناپلئون، نبوغش دو چهره داشت.

محمدعلی یک دهه پس از تثبیت قدرت خود در قاهره و دوباره بین‌المللی کردن بندر اسکندریه، ظاهراً به منظور بازگرداندن شهرهای مقدس اسلام به «متحدان حقیقی» امپراتوری عثمانی، مکه و مدینه را تسخیر کرد، و سراسر عربستان غربی را برای خود به تصرف درآورد. در نتیجه قلمرو فرمانروایی‌اش از جنوب به عدن و از شمال به سوریه و تمام مدیترانه غربی گسترش یافت. توجه محمدعلی به نیروی دریایی، که در جهان عرب غیرعادی به شمار می‌رفت، الهام‌بخش وی در ساختن نخستین نیروی دریایی قدرتمند اسلام شد. پیروزی محمدعلی در نوبیا و سودان در اوایل ۱۸۲۰ او را قادر ساخت تا تجارت برده‌ی افریقا را برای پنجاه سال بعدی به انحصار خود درآورد. در همان حال با احساس جاه‌طلبانه و معاشرت از سر مهربانی با اروپایی‌ها توانست تخصص غرب را وام گرفته و مصر را مدرنیزه سازد، او با اروپا و به ویژه فرانسه نرد عشق می‌ریخت. با حیله‌های جاه‌طلبانه، مصر با فرمانروایی محمدعلی از عصر حجر در قالب یک شخصیت واحد به روشنایی رفت.

گوهر محمدعلی جمع اضداد بود. یک وحشی از هیچ به بالا رسیده که تا میانسالی بی‌سواد بود، اما جوانترین پسرش که ۱۷ سال داشت را برای تحصیل به پاریس فرستاد و به او چنین نوشت: «... بزرگتر و فهمیده‌تر که شدی درخواهی یافت که من از هیچ چیز به همه‌چیز رسیده‌ام و بعد به کارهای بزرگ دست زده‌ام. اما راجع به تو پسرم، هنرها و دانش‌ها را تو در شهر نور یعنی جایی که در آن آموزش همه‌ی رشته‌های هنری و فنی و نظامی برقرار شده است، شهری که در آن بسیار مردان بزرگ پرورده شده و کسانی دیگری را به همان بزرگی به بار خواهد آورد، بیاموز.»

محمدعلی دون‌پایگان را سرزنش می‌کرد - با تمیز دادن یک ترک «الاغ» از یک مصری زیر دست «خوکچه»؛ قاعدتاً تهدید می‌کرد که دستور خواهد داد آنها را چهار میخ کنند، شلاق بزنند، زنده دفن کنند، در نیل غرق سازند، و ریش‌هایشان را یکی‌یکی از بیخ بکنند. اما مسافران خارجی به اتفاق ادب شدید او را ضبط کرده‌اند. گرچه او نسبت به فرانسویان تبعیض قائل می‌شد، اما دربارش پذیرای دیدارکنندگان همه‌ی کشورها بود. ممکنست تاریخ مصر برایش بی‌ارزش بوده باشد، اما وی موشکافانه توجه و لطف اروپا به گذشته کشورش را به سود نوسازی آینده آن مورد بهره‌برداری قرار می‌داد.

یک مهندس آمریکایی که برای مطالعه اهرام می‌آمد تشویق شد که بماند و پل و سد بسازد. یک زمین‌شناس ایتالیایی به حفر معدن نیترات و ساخت باروت گماشته شد. یک سرمایه‌گذار انگلیسی، گرچه به دنبال عتیقه‌جات آمده بود، برای ساختن کارخانه قندسازی و شکر و تهیه عرق نیشکر به نیل علیا گسیل گشت.

اما در کنار علاقه او برای استفاده از بزرگترین منابع ملی، شیفتگی محمدعلی نسبت به فرانسویان شگفت‌انگیز بود. پاره‌ای از فرانسویان، مانند برناندینو درویتی در مناصب و مشاغل آزاد ماندند. پس از آن که سرانجام ناپلئون به سال ۱۸۱۵ در نبرد واترلو شکست خورد و ارتشش از هم پاشیده گشت، بسیاری از سربازان وی برای احراز مشاغلی که محمدعلی در جهت تربیت ارتش و دریاداری و سازماندهی امور اداری برقرار کرده بود، به مصر بازگشتند.

شگفت‌آور این که مردانی که محصول و یا حتی پس‌مانده‌ی روشنفکری علوم انسانی - ادبیات و فرهنگ نوع‌دوستی، اجتماعی و علمی که طی ۲۰۰ سال انقلاب دمکراتیک منجر به

زایش آمریکا و مرگ سلطنت فرانسه و روسیه شد - خود را در اختیار یک دیکتاتور تام‌الاختیار مسلمان قرار دهند.

یکی از این مصر دوستان قرن نوزدهمی فردریک کایو پسر یک ساعت‌ساز بود که نخستین سفرش به نیل علیا در سال ۱۸۱۶ با کسی جز برنارد لیو دروتی نبود. دروتی نسبت به فرانسوی جوان بدگمان بود، میل نداشت که یک رقیب بالقوه در مقبره دزدی باشد. اما شوق جامع دروتی را مجذوب ساخت و در بازگشت آنان به قاهره، کنسول او را به نایب‌السلطنه معرفی کرد. هنگام معرفی، به آگاهی رسانید که مهارت‌های کایو عبارتند از گوهرشناسی و طراحی جواهرات که از پدرش آموخته است. محمدعلی او را به سمت کان‌شناسی سلطنتی برگماشت و برای یافتن زمرد سبز در امتداد دریای سرخ اعزام داشت. یونانیان باستان درباره‌ی معادن زمرد در مصر نوشته بودند، اما معادن آن هفت هزار سال پیش از کشف مجدد آنها توسط کایو، گم شده بود. حادثه‌جوی دانش‌پژوه با نخستین زمرد برای محمدعلی به قاهره بازگشت - محمدعلی نمی‌دانست آن سنگ‌های سخت چیستند تا وقتی که برایش توضیح داده شد که باید آنها را برید و صیقل داد تا صورت گوهر به خود بگیرند. دانش‌پژوه حادثه‌جو که در نتیجه این کار مورد احترام فراوان نایب‌السلطنه قرار گرفته بود، با پشتیبانی رسمی تا شش سال بعد تمام خاک مصر را زیر پا نهاد. (با داشتن اجازه رسمی به سراسر خاک مصر سفر کرد).

بنا به سنت روشنگرانه‌ی ناپلئونی، دو دهه پیش از این حادثه، کایو در نخستین یورش مصر به نوبیه و سودان در ۱۸۲۱ هیئت را همراهی کرده بود. عبور یک ارتش بزرگ از نیل سفید به غرب تا جزیره توتی سه روز طول کشید و در طی آن سی سرباز و ۱۵۰ شتر غرق شدند. کایو که مأمور یافتن طلا بود تا

چهارصد مایلی بالای نیل آبی سفر کرد. سفر دریایی او نخستین سفر با کشتی بر روی رود نیل بود؛ از زمان مصر باستان تا آن روز چنین اتفاقی رخ نداده بود و هرگز هیچ ارباب یا برده‌ای با کشتی بر رود نیل سفر نکرده بود.

کایو در امتداد نیل آبی از نزدیک و دو طرف «چپ و راست» با زرافه، میمون، کفتار و فیلانی برخورد کرد که در آن زمان گله‌وار به سوی شمال و تقریباً به درون مصر در حرکت بودند. او از کرگدن‌های چابک ولی آرام سخن می‌گفت که غریوکنان در اطراف قایقش شنا می‌کردند. اما هر چند پیروزی سه سال بعدی محمدعلی جانوران وحشی را از منطقه بیرون می‌راند، اما در ۱۸۲۴ زرافه در دویست مایل خارج از آنجا در جنوب خاوری زاده شد.

کایو در یک زمان از دوران مسافرتش هنگامی که بر عرشه قرار داشت، در امتداد رود شنیدن صدایی را گزارش کرد. «سر و صدای غیر طبیعی که با نزدیک شدن، به محل سر و صدا معلوم شد که شلوغی و سر و صداها شکستن تخم تمساحان بود. هنگامی همراهان کایو چهارچشمی مواظب تمساحان بالغ بودند که به شکار بچه‌های خود شهره بودند، کایو به ساحل رفت و مامایی بچه تمساحان را بر عهده گرفت، به بیرون آمدنشان کمک کرد، آنها را مورد مطالعه قرار داد، آنها را اندازه گرفت و با صبوری گوهرشناسانه یادداشت کرد که چگونه با غلطیدن بر روی پوشال با قدی دوبرابر بلندی تخم‌شان از تخم خارج شده بر رویش خش‌خش می‌کردند. او از سر کنجکاوی و غرور و از خودراضی بودن برای نجات طبیعت که کنشی روشنفکرانه بود، یکی از بچه تمساحان را به قایق برد و ناموفقانه کوشید تا آن را بزرگ کند.

در تپه‌های حبشه (اتیوپی) نیل آبی به یک گلوگاه صد مایلی غیر قابل کشتیرانی انحنا پیدا می‌کند. کایار در نامه‌ای که برای دروتی به اسکندریه فرستاد، پیشروی دشوار ارتش را در این گلوگاه چنین توصیف کرد: «من تنها مسافری هستم که به ماوراء سرزمین رفته و تا ده درجه عرض جغرافیایی به درون کشوری کوهستانی نفوذ کرده، کشوری پوشیده از جنگل‌ها را تعقیب کرده است و جریان‌های تندی که می‌بایستی روزی ۸ تا ۱۰ بار از آنها بگذریم را پشت سر گذاشته است. گذار در حالی که بیرون گذرگاه بیش از حیوانات وحشتزده بودیم و در احاطه دشمنان پرشماری قرار داشتیم که به ما فرصت سر خاراندن نمی‌دهند و در هر ساعت از روز، با حمله و هجوم زندگی را بر ما تلخ می‌کردند.

***

همگام با نیرنگ‌بازان مشهوری چون دروتی و روشنفکران دلیر و بی‌باکی مانند کایو، مصر دست ساخت محمدعلی که سرشار بود از شارلاتان‌های نوکیسه، اروپا را مجذوب و شیفته‌ی خود کرد. در بین این نوکیسه‌ها، از همه شاخص‌تر و با استعدادتر «سرهنگ سِو» بود.

به سال ۱۷۹۸ اکتاو جوزف سِو ده ساله چندان سرکش بود که والدینش با اشتغال او در نیروی دریایی به عنوان یک (مستخدم خوابگاه کشتی) وی را از دست دادند. در هفده سالگی در نبرد تن به تن در برابر بریتانیایی‌ها در ترانالگار به وسیله تیر زخمی شد. دو سال بعد، به سبب یک عمل بسیار خطرناک و ضد انضباطی از نیروی دریای اخراج شد و به ارتش پیوست و در نخستین ماه خدمت خود سرجوخه شد. هنگام دومین پیروزی ناپلئون بر اتریش در سال ۱۸۰۹، او اسیر و به مدت دو سال در مجارستان زندانی شد. با بازگشت به میهن و

ورود به ارتش عظیم فرانسه، در طی جنگ‌های ناپلئون با شایستگی خدمت کرد، مرتباً ارتقاء یافت و بارها با گلوله و شمشیر و نیزه زخمی گشت. در ۱۸۱۴ که صلیب لژیون افتخار را دریافت داشت، ستوان سوارنظام بود.

پس از آن که پیروزی انگلیس در جنگ واترلو بازگشت سلطنت فرانسه را تضمین کرد، برای ارتش ناپلئون عفو عمومی اعلام و با درجه سروانی مرخص شد. حکایت کرده‌اند که او سپس در توطئه برای آزادی میشل نی ژنرال بزرگ ناپلئون از زندان درگیر شد. توطئه شکست خورد و او به مصر گریخت، در سال ۱۸۱۹ خود را به سرهنگی ارتقاء داد و محمدعلی او را برای جستجوی زغال‌سنگ در تپه‌های میان نیل علیا و دریای سرخ استخدام کرد. هنگامی که با دست خالی به قاهره بازگشت، دریافت که شهر فتح شهرهای مقدس مکه و مدینه به دست محمدعلی را جشن گرفته است. نایب‌السلطنه که نظر بعدی خود را متوجه نوبیه و سودان کرده بود، سِو را برای سازماندهی و آرایش ارتش و آموزش سربازان در امتداد خط فرانسویان به اسوان فرستاد.

در آنجا سربازان مسلمان نسبت به او که خارجی و بی‌ایمان بود بیزاری نشان دادند. تئودور دی لسپ که برادر کوچکترش فردینان در پنجاه سال بعد کانال سوئز را ساخت، شرحی دارد درباره‌ی این که تصمیم‌گیران در ضمن تعلیم، سِو را نشان رفتند، او می‌نویسد: او مدام می‌گفت «آتش» و شنید که گلوله‌ها در اطرافش زوزه کشیدند. هدف سربازان تا بدانجا پیش رفت که آنها سرانجام به اسب زیر پایش تیر انداختند با این همه سِو زنده ماند و غالب شد و تربیت شدگان او بودند که نیل علیا را فتح و شکارچیان زرافه را همراهی کردند. هزاران برده‌ای که در سودان به اسارت درآمده بودند، به نوبت ارتشی را تشکیل دادند

که سِو و افسران او برای شکست یونان در بهار و تابستان سال ۱۸۲۷ تربیت کردند. این اتفاق زمانی رخ می‌داد که زرافه از مارسی به پاریس راه می‌پیمود.

***

مکتشفان، سودجویان و حتی مسیونرهای مسیحی هنگامی که محمدعلی توجه‌شان را جلب و درهای مصر را به روی جهان باز کرد، از کمک برخوردار شدند. وی علاوه بر فرستادن پسر خود و هزاران دانشجوی دیگر به اروپا، بخشی از روشنفکران و متخصصان عرب را برای فراگرفتن و انتقال فرهنگ غربی بدان قاره اعزام داشت و به همان گونه که در سده‌های پیشین صلیبیون بازگشته از سرزمین مقدس فکر اروپاییان را باز کرده بودند، این مسلمانان جزئیات شایستگی؛ و واردات فلسفی عصر روشنایی را برای مباحثه‌ی اسلامی به میهن خویش بازآوردند.

نایب‌السلطنه به منظور ایجاد شالوده و بنیان اداری و اقتصادی که به تشخیص او نیروی نظامی ملت‌های نوین بر آن تکیه دارد، علاوه بر مشاوران نظامی فرانسوی خود، به استخدام مربیان، دانشمندان، مدیران و کارشناسان مختلف غربی مبادرت ورزید. دستور داد بانکداران و متخصصان، به ایتالیایی آموزش ببینند تا بتوانند ساختار مالی مصر را سامان بدهند. در آن زمان، زبان بین‌المللی بازرگانی ایتالیایی بود و زبان سیاست فرانسوی.

محمدعلی که تنها به آلبانیایی، یونانی و ترکی سخن می‌گفت، پیوسته تیمی از کاتبان را در کنار خود داشت که التزام داشتند دستورات او را به عربی ترجمه کنند. مدیر مترجم‌های او به زبان‌های اروپایی و هر زبان دیگری که خود

نمی‌دانست، یک ارمنی بود به نام یوسوف بوگوس که پیش از این که نایب‌السلطنه او را به وزارت خارجه خود منصوب کند، دومین مرد مقتدر مصر بود. بوگوس به رغم قدرت خود، وفاداری و فروتنی ناخودپسندانه‌اش تنها فردی از نخستین همکاران محمدعلی بود که دگرگونی وی را به یک چهره‌ی جهانی تاب آورد.

بوگوس با گماشتن یک ارتش مزدور فرانسوی به مارسی به منظور نظارت بر ساخت سه کشتی جنگی دستوراتی بدین شرح انشاء کرد: «به هنگام اقامت در اروپا اطلاعات ممکن را درباره‌ی چگونگی انجام کارها، اختراعات نوین که به نظر تو برای صنعت، تجارت، تولید، دانش و هنر در مصر مناسب اجرا است گردآوری کن. سرانجام باید همه‌ی کردار و رفتارها با مقاصد اعلیحضرت برای نوزایی و تمدن کشور زیبایی که بر آن فرمان می‌راند، همگامی کنی.

محمدعلی با مالیات‌بندی بیرحمانه و درنده‌خوترین برده فروشی عمده، منابع مالی اجرای نوزایی و تمدن کشور زیبای خود را تأمین کرد. او با ادامه سربازگیری از مصریان ارتش عظیم بردگان سودانی خود را تقویت نمود. سربازان اجیر اروپایی نایب‌السلطنه از مشاهده وضع اسف‌بار قرارگاه‌های تعلیم مبهوت شدند که در آنها سربازان «حتی عاری از لباس» روزانه دوازده یا هجده نفر می‌مردند. برای فرار از چنگ مأموران سربازگیری محمدعلی، جوانان به قطع یکی از اعضای بدن خود؛ به طور معمول، انگشت دست، تن می‌دادند. قطع یکی از اعضای بدن در روستاها حرفه‌ی درآمدزایی شده بود که بیشتر اوقات پیرزنان آن را اجرا می‌کردند. در قایق بادبانی در سال ۱۹۵۰ گوستاو فلوبر داستان‌نویس فرانسوی را به نیل علیا می‌برد، یازده تن از

چهارده نفر کارکنان کشتی فاقد انگشت اشاره دست راست بودند.

محمدعلی که در تناقض خود استوار بود، می‌توانست یکی از پسران خود را برای فتح سودان بفرستد، سپس مالیات‌گیری زیاده از حدش را تخطئه کند: «بر تو بود که با مهربانی و رفتار عادلانه اعتماد آنها را جلب کنی ... در عوض با رفتار و کردار نادرست آنها را از نزدیکی با ما بیگانه و دور کردی. فراموش کردی که هدف ما در سفر به آنجا؛ نه پول که برده است.

پیش از آن که محمدعلی در سال ۱۸۲۳ فتح نیل علیا را کامل کند، هر سال پنجاه انسان اسیر شده از بازار برده‌فروشان در شندی واقع در نیل سفلی به بندر شنکی در کنار دریای سرخ فرستاده می‌شدند. در حالی که کشتار جمعی پس از پیروزی پنجاه هزار تن از بومیان را به خاک و خون کشاند و سی‌هزار تن به جای مانده به بردگی گرفته شدند. از این تعداد تنها حدود نیمی از آنان تا رسیدن به قاهره زنده ماندند. در قاهره نیز بیشتر آنان در اثر سوء تغذیه و تحول آب و هوای اقلیم، و عدم تأمین در برابر امراض تمدن جان خود را از دست دادند.

اما در طی نیم سده‌ی بعدی، نایب‌السلطنه و وارثانش با پشتکار میزان تجارت سالانه‌ی برده را به پنجاه هزار مرد، زن و کودکان قابل کار بالا بردند - بیش از دو میلیون نفر، دست کم در هر مایل مربع سودان دو تن. همچنان که روستاها از ساکنان نیرومند خالی می‌شد (با خالی شدن روستاها از نیروی کار، تمام اعضای قبایل مردند و تنها کسانی را اجازه‌ی ماندن می‌دادند که یا بسیار کوچک یا بیمار و یا در غیر این صورت جسماً بلااستفاده بودند) هر روز مرگ منطقه را در خود می‌بلعید.

به همان گونه که محمدعلی نسبت به مردمی که به بردگی می‌گرفت بی‌تفاوت بود، آلبانیایی‌های بیگانه که از تولد خود بی‌خبر بودند برای آثار باستانی مصر ارزش قائل نمی‌شدند، آثاری که محمدعلی به عنوان «آشغال باستانی» به خارج فرستاد. بیشتر مصریان با وی موافق بودند - مقبره دزدان در اعصار فرعونی فعال بودند، و ابوالهول در تمرین هدف‌گیری ممالیک بینی خود را از دست داد. دهقانان و حیواناتشان در معابد باستانی و مقابر سکونت کرده با لرزش ویرانه‌های پدران خود سطح زندگی خود را بالا بردند. آثار تاریخی استخراج شده برای سنگ تراشیده‌شان بیرون آورده شدند، اجساد مومیایی شده چنان بر زمین پراکنده و ریخته و پاشیده گشتند که یک استخوان در صورت نیاز به ساختن یک ابزار، به آسانی یک چوب یا سنگ در دسترس بود.

کشف رمز خط هیروگلیف برای محمدعلی معنایی نداشت. تا آنجا که به او مربوط می‌شد، مصرشناسی تنها روابط عمومی ارزشمند با اروپا بود. سپس، در ۱۸۲۸ یعنی یک سال پس از آن که ورود زرافه چنان احساساتی در فرانسه به وجود آورد، برای آزادسازی یک کشور مسیحی از چنگ مسلمانان، انگلیس‌ها که سیاست عملی‌شان تنها در جهت منافع ایشان کار می‌کرد، بیشتر دلواپس دور نگاه داشتن روس‌ها از مدیترانه بودند؛ بدین جهت آنان با مداخله روسیه مخالفت کردند، اما فقط تا زمانی که فرانسه نیز از برخورد نظامی دوری می‌کرد. شارل دهم شامپو لیون را در سفر اکتشافی خطیرش به مصر فرستاد. شامپو لیون بر ویرانگری و خرابی مکان‌های باستانی رقت‌آور کوتاهی نکرد تا به نایب‌السلطنه بنویسد. این نامه دومین خدمت بزرگ او در مصرشناسی به حساب می‌آید. در این نامه او توصیه کرده بود که برای خوشنودی پادشاه در عصر حاضر و مردم نسل‌های

آینده باید مصر را چنان ساخته شود که صنعت جهان‌گردی منبع درآمد مصری‌ها باشد.

مباحثه شامپو لیون، همگام با ثروت عظیمی که توسط دروتی و دیگر گردآورندگان تحصیل شده بود، در ۱۸۳۵ محمدعلی را متقاعد ساخت که نخستین قانون نظارت بر حفاری، تجارت و کشف آثار باستانی مصر را بگذراند.

فصل ۴
تاراج مصر

دریاچه ناصر که به وسیله سد بلند اسوان مصر ایجاد شده است، اکنون در جنوب حدود ۵۰۰ مایل به درون سودان امتداد می‌یابد. در عمق این دریاچه مکان‌های اصلی آثار تاریخی باستانی غول‌پیکر مصر قرار دارد که به دست سنگتراشان آفریده و جابجا تا سال‌های ۱۹۷۰ بر زمین بلندتر دوباره نصب شدند. همراه با چهل و پنج روستایی که در امتداد نیل تخلیه شدند، دومین آبشار، یعنی محل ورود زرافه زیر آب رفتند.

دریاچه ناصر موجب شد که سطح آب‌های زیرزمینی صحرا بالا بیاید و در جاهای دوری چون الجزایر به دشت زندگی بخشد. اما این واقعیت در نهایت مصر فرعونی را در امتداد نیل به سرنوشت بدی دچار کرده است.

در امتداد نیل عواقب اجرای این پروژه در نهایت برای مصر زیان‌بخش بوده است. بالا آمدن سطح آب‌های زیرزمینی موجب می‌شود، نمک موجود در سنگ‌ها که هزاران سال مقاومت کرده‌اند، بیرون‌کشیده شود؛ نمک می‌جوشد و نقاشی‌ها و

حجاری‌های سطح سنگ را پوسته پوسته می‌سازد و باد آنها را به صورت گرد پراکنده می‌سازد. مصرشناسان حدس می‌زنند که در طی دویست سال بعدی، - برابر با مدتی که از شروع مصرشناسی با یورش ناپلئون در سال ۱۷۹۸ گذشته است تا کنون - همه‌ی آثار باستانی بیرون از موزه‌ی مصر نابود خواهند شد.

نخستین موزه‌های مصرشناسی در اروپا برای رمزگشایی از خط هیروگلیف، تأسیس شدند. برناردینو دروتی که بیش از بیست سال به داد و ستد عتیقه‌جات مشغول بود، ناگهان دریافت که نتایج چپاول غنایم به دست آمده از دزدی‌هایش به افتخار گرد آمدن در مجموعه‌های رسمی نایل آمده‌اند. او ثروتمند شد و از قدردانی احترام‌آمیزی برخوردار گشت که دانشمندان و شاهان بدان دست می‌یابند اما هرگز به خاطرش نگذشت که سرقت اموال عمومی مصر که یادگار دوران باستان مصر است، موجب ثروت و افتخار او شده است.

دروتی اهل پیدموت ایتالیا بود و در نزدیکی پایتخت آن چشم به جهان گشود وی در بیست سالگی در نیروی نظامی محلی خود که بخشی از قوای ناپلئون ۲۵ ساله «آزادسازی» ایتالیای شمالی از امپراتوری دودمان پسبورگ به شمار می‌رفت،خدمت کرده بود. زخمی شدن در جنگ که دست نوشتن دروتی را فلج ساخت روحیه ماجراجویی وی را افسرده نکرد، وی در سال ۱۸۰۲ به عنوان معاون مشاور فرانسوی وارد اسکندریه شد و برای خدمت به یک دیوانسالار تجاری در سرزمین عقران آماده شد. ارباب او افسر پیشین ارتش است که دروتی تحت فرماندهی او جنگیده بود. ورود او به مصر برای فرانسه افتخارآمیز بود و از طرفی دیگر، سود سرشاری به جیب دروتی وارد کرد. در سال ۱۸۰۶ یعنی یک سال پس از آن که

محمدعلی نایب‌السلطنه شد، دروتی به مقام جنرال کنسول ارتقاء یافت• (جانشین دوست دوران کودکی‌اش؛ ماتیو شد که پسر او نیز پیش از ساختن کانال سوئز این مقام را احراز کرد.)

گرچه در ۱۸۱۴ که ناپلئون سلطنت را به فرانسه بازگردانید، کار اداری دروتی نیز تعطیل شد، معهذا او در اسکندریه ماند و به عنوان متفق و مشاور خصوصی محمدعلی خود را به خوبی در جامعه تجارت بین‌المللی مصر جا انداخت. در سال ۱۸۲۱ دوباره به مقام کنسول جنرالی گماشته شد و تا سال ۱۸۲۹ این منصب را با عنوان جنرال کنسول اعلیحضرت وری در دره‌ی نیل حفظ کرد.

برای دروتی که آثار گذشته مصر را حفر و استخراج کرد و به مسافران دولتمند و گردآوری‌کنندگان آثار باستانی در سراسر اروپا فروخت، گذشته یک مرغ تخم‌طلا بود که برایش مکنت و ثروت رقم زده بود. به این ترتیب موقعیت سیاسی رسمی وی بدو امکان می‌داد که به عنوان یک عتیقه‌شناس دست به قاچاق بزند، سپاس او را که بدون تلاش وی شگفتی‌های مومیایی امروز شاید در دستان مردم عادی نابود می‌شدند.

مجموعه‌ای از مومیایی‌های مصر که مشهور به اتاق شگفتی شده، یکی از پدیده‌ها و هوس روشنفکری بود که نخبگان تحصیلکرده یا دولتمند اروپا و امریکا هر چه را که هوششان بدان برمی‌خورد جمع می‌کردند. اشرافیت اروپایی همچنین به جمع‌آوری حیوانات عجیب و غریب مبادرت می‌ورزیدند. پزشکان و دامپزشکان جنین‌های ناقص و دیگر موجودات عهد کهن را نگاهداری می‌کردند. این اتاق‌های شگفتی‌های شخصی و حرفه‌ای و باغ وحش‌های اختصاصی سرگرمی‌های جدی‌ای بودند که گردآوری‌کنندگان به وسیله آنها دیدارکننده‌گانشان را مورد پذیرایی و تحت تأثیر نیز قرار می‌دادند. این عشق و

شیفتگی به گردآوری اشیاء گوناگون، حتی به عنوان بلاهت مناظر عجیب و غریب، تجلی گویای عصری بود که به نظر می‌رسید حقیقت دمکراسی نهایی و مطلق باشد که در دسترس کسانی که آماتور بودند قرار دارد، و دانش اندک و سادگی مطلق‌شان، می‌توانست همه چیز را نابود کند. آنچه این گروه کردند انگار حفظ آثار باستانی است در بادکنکی بسیار نازک. با این وجود همه‌ی آن آثار کهن حفظ شده‌اند و گاه در رکوردهای جهانی گینس ثبت شده‌اند. اکنون همان بادکنک‌های نازک، موزه‌های بزرگ دنیا هستند.

اتاق عجایب نشان‌دهنده این ایده بود که مغز می‌تواند هر چیزی را در معرض کاوش و موشکافی علمی قرار دهد و هیچ چیز کوچک و ناچیز نیست. ذره‌ای از یک مدرک بالقوه یک قطعه از معمای کل جهان است.

این کلکسیون‌ها و مجموعه‌های حیوانات بازرگانی جهانی سودآوری را در همه عرصه‌های اشیاء عجیب و غریب پدید آورد، دروتی در این کار و شناسایی فرهنگ کهن مصر و آفریق، پیشاهنگ بود. در این زمینه او پدر تعمیدی مصرشناسی اولیه بود. دروتی به عنوان نخستین و دیرپای‌ترین اروپایی در مصر و در دوران محمدعلی، دست به ایجاد شبکه‌ای زد که از خود نایب‌السلطنه که خدایان سنگی دورافتاده را تجارت می‌کرد، شروع می‌شد. برای بهتر شدن این کار، او دسته‌های کار و کارگزاران گوناگونی که مقبره دزدی را برای رقبایشان هراسناک می‌ساختند، بسط و توسعه داد.

و با اینهمه، دروتی همچون محمدعلی مرد جذابی نیز بود و حتی جاذبیتش او را بیشتر عزیز و گرانمایه کرده بود - دزد دریایی با فرهنگی که به سبب ابتلا به عارضه دریاگرفتگی به ندرت به سفر می‌رفت. مردی که همکاران و مشتریان سراسر

جهان او را می‌ستودند. کایو و سرس شناخته‌شده‌ترین مصر
شناس‌ها شهرت خود را مدیون دروتی بودند، همان‌گونه که
دیگران بی‌پشتیبانی دروتی موفقیتی نداشتند.

در طی بیست و هفت سال اقامت دروتی در اسکندریه،
مسافران از خیرخواهی این فرانسوی افتخاری در شگفت بودند
که در پربها ساختن خویش چنین نبوغی داشت. منظره امضاء
کردن او با دست ناقص که به نوشته شاتوبریان در خدمت به
ناپلئون فلج شده بود، مسافران را متأثر می‌ساخت.

در ۱۸۰۶ درست پس از آن که دروتی جنرال کنسول نامیده
شد، نویسنده نامدار فرانسوی از اورشلیم با کشتی راهی فرانسه
بود. یک معشوقه تازه خواهش کرده بود که به تلافی لطفی که
وی درباره نویسنده کرده بود، به زیارت سرزمین مقدس برود —
باد مخالف کشتی او را به مدت ده روز در اسکندریه متوقف کرد.
او بندر قدیمی را غم‌انگیزترین و منزوی‌ترین جای جهان یافت و
با سپاسگزاری و امتنان، تصویری از زندگی دروتی در آنجا به
یادگار گذاشت: «آقای دروتی در عرشه همراه با خاندانش خیمه
مرغدانی برافراشته است که در آنجا بلدرچین، کبک و دیگر انواع
گونه‌گون پرندگان را شکار و پرورش می‌دهد. ما ساعت‌ها در این
خیمه مرغدانی درباره‌ی فرانسه صحبت می‌کردیم.

دروتی طی هفت سالی که به عنوان یک شهروند خصوصی
در مصر اقامت داشت، نقش واسط دستیابی اروپا به مصر را بازی
کرد. رئیس گمرک مارسی یکی از سربازان پیشین ارتش ناپلئون
در هنگام نبرد با مصر نمونه بارز مشتریان دروتی بود: «آقای
کایور به من گفته است که در مصر علیا به آسانی می‌توان چند
مومیایی حیوانات را به دست آورد و من بسیار خوشوقت خواهم
بود از این که مجموعه‌ای از آنها ترتیب دهم، من در حال حاضر
تنها مومیایی یک زن، یک گربه و یک مارمولک را دارم.» او به

زودی به خاطر دریافت یک گاو نر مومیایی‌شده، اشیاء نوینی که هر یک از دیگری ارزشمندتر بود ... مومیایی یک بوزینه، قوطی ماران و تکه نان قدیمی سپاسگزاری می‌کرد.

دروتی به هنگام تهیه مومیایی‌ها و دیگر چیزهای عجیب و غریب، سه مجموعه‌ی معروف خود را تشکیل داد و در سال ۱۸۲۴ آنها را یکی پس از دیگری گرد آورد و به فروش رسانید. او همچنین در کار داد و ستد حیوانات افریقا وارد شد. در میان سفارشاتی که دریافت کرد می‌توان اینها را نام برد: یک جفت غزال به شاهزاده خانم کارولین ناپلی خواهر ناپلئون که می‌بایستی دریافت می‌شد. همراه با غزال‌های ملکه در صورتی که بدشانسی دخالت نکند ... نر و ماده پرهای شترمرغ به همسر سفیر فرانسه در قسطنطنیه- «مادام از دریافت آنها بسیار خوشحال بود.» یک «اسب عالی از آنگولا و قهوه شراب عالی برای یک شاهزاده ایتالیایی در تورین؛ همچنین یک غزال بزرگ افریقایی که مرده دریافت شد و به عنوان نمونه‌ای بی‌همتا از جنس خود به موزه‌ی عمومی تاریخ طبیعی اهدا شد.

دروتی اسب عربی برای وین، گوسفند نوبیه برای مسکو و صدف و فسیل صحرای لیبی برای فرانسه تهیه کرد. پادشاه ساووی درباره‌ی دریافت یک فسیل با دروتی مکاتبه داشت. یک گیاه‌شناس ایتالیایی به او نوشت: «اگر یک گیاه‌شناس خود را به تو معرفی کند و بتواند هدیه‌ای از پاره‌ای گیاهان مصری که در آن کشور جمع شده‌اند که از نظر نمو گیاهی بسیار غنی است، مرا فراموش نکنید.» کانون سلطنتی فلاسفه روس در امور طبیعی نیز چنین کرد: «آیا شما حشره‌شناسان سفرکننده‌ای نخواهید داشت که به فروش حشرات رضایت دهند؟"

در ۱۸۲۲ یعنی پنج سال پیش از ورود زرافه به پاریس ناگهان و زمانی که ژان فرانسوا شامپو لیون از خط هیروگلیف

سنگ روزتا را کشف کرد، ناگهان مصرپرستی به صورت مصرشناسی درآمد. سنگ رزتا نام خود را از ساحتی (گلی) گرفته که سپاهیان ناپلئون آن را در یکی از دو دهانه نیل کشف کردند که در سال ۱۸۰۱ به انگلیس‌ها تسلیم شده بود. شامپو لیون چاپ مومی آن را که به فرانسه باز آورده شده بود مورد مطالعه قرار داد. او به هنگام تحصیل در مدرسه از مصنوعات مصر در «اتاق عجایب و غرایب» فرمانده محلی خود دنون؛الهام گرفت. او هم‌چنین تحت تأثیر ژوزف فری، فیزیکدان‌- سیاستمداری در زمره‌ی سپاه دانش ناپلئون بود.

کشف شامپو لیون «اکتشاف آثار کهن مصر را به دانش جدی بزرگی تبدیل کرد» شامپو لیون با نخستین ترجمه شعری که درباره‌ی جهان فرعون بود را بازنویسی کرد: «ای فرعون توانا آثار مردم را ببین و بخر»

بنابر افسانه این نخستین ترجمه موفق چندان شامپو لیون را به هیجان آورد که در خیابان‌های پاریس دوید تا به برادرش بگوید: «من آن را به دست آورده‌ام» و غش کرد. اگر این حکایت درست باشد جریان موصوف، پیش درآمد ضربه‌ای است که تنها ده سال بعد نتوانست از آن جان به در ببرد.

دسیسه‌ی رقیبان انتشار کامل یافته‌های شامپو لیون را تا سال ۱۸۲۴ به تعویق انداخت. یک سال پیش از آن دروتی نخستین مجموعه خود را که اولین نگاه گسترده‌ی جهان بر مصر باستانی بود را برای فروش به لویی هجدهم پادشاه فرانسه عرضه داشته بود. پادشاه این کلکسیون را نپذیرفت. کشیشان مشاور پادشاه به وی گفته بودند که مصنوعات مزبور با اهانت به مقدسات مذهبی تاریخ انسان را به پیش از تاریخ انسان به روایت کتاب مقدس رجعت می‌دهد. بنابراین پادشاه ساردی‌نیا بدین‌وسیله نخستین موزه‌ی مصرشناسی را در تورین تشکیل

داد، آن مجموعه را به بهای ۴۰۰/۰۰۰ لیر خریداری کرد. با وجودی که دروتی ثروتی فراهم کرده بود، در این دل شکستگی و نومیدی مصرشناسان فرانسوی شریک بود که عتیقه‌جاتی چنین پر اهمیت به کشور او نرفت. پس از این که لوئی هجدهم در سال ۱۸۲۴ درگذشت، دروتی از دریافت این موضوع بیشتر اندوهگین شد که یک مجموعه‌ی مصری دیگر - گردآوری شده به وسیله هنری سالت همتای کنسولی بریتانیایی و رقیب چارل دهم فرانسه خریداری می‌شد.

مجموعه‌ی سالت موزه مصری لوور را پایه‌گذاری کرد و شامپو لیون در ۳۰ می ۱۸۲۶ به فرمان شاه در حالی که زرافه در نیمه راه نیل سفلی بود- نخستین موزه‌دار آن گمارده شد. در آن پاییز برادر بزرگتر شامپو لیون به دروتی نامه نوشته که «با کشف جذابیت‌هایی که برادرم انجام داده؛ دولت، به تشکیل موزه و ایجاد کرسی‌های باستانشناسی مصر در پاریس، روم، بولونی و پیزا دست می‌زند. در یک نکته چون و چرا وجود ندارد؛ پاریس مرکز واقعی باستانشناسی مصر است. تنها یک تأسف به جای می‌ماند و آن این که مجموعه‌ی زیبای شما بنیانگذاری شود.

شامپو لیون از دوران جوانی برای کشف خط هیروگلیف از زمانی که نخستین قدم را در مصر نهاد تلاش کرد. بدیهی است که کارهای ارزنده‌ی او کمک بزرگی به مصرشناسان کرده و می‌کند. با وجود شهرت و معروفیتی که بلافاصله کسب کرد شامپو لیون با احترام برای مشاوران خود در نامه‌ای نوشت: «آیا من در مورد فرصت سفر و زمان اجرای آن تنها با شما مشورت می‌کنم. تنها شما امکانات کشور و تسهیلات را به اندازه کافی و به خوبی می‌شناسید ... با اشاره شما و تنها یک کلمه گفتن، من راه خواهم افتاد." در طی سفر اکتشافی شامپو لیون در امتداد

نیل - زمانی که، پس از هزاران سال، او نخستین و تنها انسانی بود که می‌توانست داستان مصر باستان را بخواند- نامه وی به اسکندریه نمونه تأثیری است که دروتی به طور عموم ایفا می‌کرد: «از شما تقاضا می‌کنم به آقای دروتی بگویید که در برابر دیوانه‌ها دو بطر از شراب‌های عالی او را به سلامتیش نوشیدم.»

فصل ۵
هدیه‌ی سلطنتی

پس از فروپاشی امپراتوری روم و یورش‌های متعاقب بربران، تمدن یونان ناپدید گشت. هنگامی که ترکان عثمانی در قرن پانزدهم منطقه را فتح کردند، از یونان جز زبان و آثارش چیزی بر جای نمانده بود. نویسندگان یونانی و نه عموم مردم که شیفته گذشته خود بودند، رویدادهای قرن هجدهم را ساخته و پرداخته‌ی امریکا و فرانسه می‌دانستند و همین موضوع موجب هیجان‌شان می‌شد؛ اینان کشور خود را حیات بخشیدند و زندگی را به کشور خود بازگردانیدند. ملیت ادبی این نویسندگان به سال ۱۸۲۲ در نبرد استقلال یونان نوین برمی‌گردد. درخشندگی این نویسندگان به صورت جنگ استقلال یونان در سال ۱۸۲۱ جوانه زد.

در نخستین سال‌های انقلاب یونان، سلطان به درخواست کمک‌های نظامی محدودی از محمدعلی بسنده کرد؛ با ترس از کشیده شدن ارتش عظیم مصر متشکل از بردگان سودانی به نزدیک قسطنطنیه به درخواست کمک‌های نظامی محدودی از

محمدعلی بسنده می‌کرد. نایب‌السلطنه خوشنود بود زیرا او از این موضوع بدش نمی‌آمد، چون برایش مسلم شده بود که سلطان بدون او در جنگ پیروز نخواهد شد. هرچه سلطان بیشتر صبر می‌کرد، در مواجهه با محمدعلی در مورد نقشه‌های استقلال طلبانه‌اش ناتوان‌تر می‌شد.

هنگامی که سرانجام در سال ۱۸۲۴ به مصریان دستور داده شد که با زور وارد یونان شوند، فرمانده کل قوای سلطان شکایت کرد که نیروهای سی‌هزار نفره محمدعلی بیش از حدی‌ست که برای آن نبرد ضرورت دارد. فرماندهی این نیرو را پسر محمدعلی بر عهده داشت که سرس به عنوان رئیس ستاد او را همراهی می‌کرد. آنان در مارچ ۱۸۲۵ عملیات را آغاز کردند و بلافاصله یونانیان را که به وسیله سربازان اجیر انگلیسی هدایت می‌شدند، در جنگی پس از جنگی شکست دادند.

از آنجا که تعیین جانشینی برای سوس در مصر ضرورت داشت، نایب‌السلطنه یکی از ژنرال‌های پیشین ناپلئون به نام پی‌یر فرانچیز را استخدام کرد که تربیت و تجهیز ارتش دائم‌التزام مصر را بر عهده گیرد. او نیز یکی از افراد ارتش ناپلئون در نبرد با مصر بود - افسری از ارتش عظیم شرقی که محمدعلی به هنگامی که یک سرباز اجیر آلبانیایی جوان بود، با آن می‌جنگید.

بویر با سخن‌پردازی بر آن اهداف آن روزهای بسیار دور چنین اعلام کرده بود: «بناپارت، جنرال جمهوری، همیشه مرا برای همراهیش به هر جا آماده خواهد یافت. اما اگر من ظن می‌بردم که او می‌خواهد سزار بشود، من نخستین بروتوسی بودم که خنجر را به قلبش فرو می‌کردم.» یک ربع قرن بعد بویر سرباز اجیر شد - مانند بسیاری از دیگر شهروندان پیشین جمهوری گمشده فرانسه.

بویر شخص برجسته امپراتوری ناپلئونی که بعدها نامش به عنوان قهرمان فرانسه بر بخش شمالی طاق پیروزی ثبت می‌شد، موفقیت سرس را در بارآوردن ارتشی که با تعلیماتش دشمنی داشتند، ستود - «ایجاد ارتش نایب‌السلطنه مدیون پشتکار و استقامت این افسر است» - اما از افسرانی که بر جای نهاده بود، خوشش نیامد: «انواع اروپائی‌های را که من در درجات فرماندهی یافتم ... همه فراریان ... همه بدترین اراذل و اوباش روی زمینند؛ بی‌شخصیت، بی‌ایمان، بی‌قانون و بی‌شرف.»

بویر که رسماً از نظر اداری یک شهروند خصوصی بود، گزارش‌های غیرمستقیمی به وزیران دولت فرانسه برملا می‌کرد که می‌کوشیدند تا نایب‌السلطنه را از نبرد با یونانیان منصرف سازند. وزیران یاد شده از وجود بویر برای رساندن این پیام به استفاده کردند که چنانچه محمدعلی جبهه عوض کند و به اعلام جنگ با ترکان برای استقلال خویش مبادرت ورزد، فرانسه از او پشتیبانی خواهد کرد. (پانزده سال بعد، هنگامی که محمدعلی از فرانسویان یاری خواست، آن پشتیبانی آماده نبود ...) دروتی، آگاه یا ناآگاه از نیرنگ‌بازی بویر از او به این عنوان انتقاد کرد که: «بیش از آن که میل به انجام دادن پروژه‌های فرانسه داشته باشد، مشتاق ثروت اندوزیست.»

بدون پشتیبانی دروتی که بویر او را مقتدرترین دولت بزرگ نایب‌السلطنه شناخت، شغل دوم جنرال پیشین نیز پایان بدی داشت. به گفته دروتی استعفای بویر پس از دو سال از ده سال مدت قرارداد، بی‌اشکال پذیرفته شد و او در پایان سپتامبر ۱۸۲۶ به اتفاق رئیس با همان کشتی‌ای به فرانسه بازگشت که زرافه را از اسکندریه به مارسی می‌برد.

***

در آغاز شورش یونانیان، جراید فرانسه شکست ترکان را از «میهن‌پرستان بی‌باک، تفنگ در دست، و شمشیر در میان دندان‌ها» تجلیل کردند اما همچنان که در چهار سال بعد نخستین پیروزی‌های یونانیان بر ترکان، توسط مصریان به شکست قطعی انجامید، محمدعلی تبه‌کار اروپایی از آب درآمد.

مطبوعات فرانسه جنگ استقلال یونانیان را به عنوان تلاش و تقلای مذبوحانه برای حقوق انسانی معرفی می‌کردند که برای اجرای خواسته‌هایشان خواهان مداخله‌ی اروپا شدند. گزارش‌هایی از ستمگری وجود داشت که توسط وحشیان عرب بر مدافعان زادگاه دموکراسی ارتکاب یافته بود: «گفته می‌شد که خشم ترکان وحشتناک است و تاکنون ... بیش از دو هزار زن و کودک قتل عام شده‌اند.» این گزارش‌ها آتش تقاضای جنگ صلیبی را روشن کرد.

در ۱۸۲۴ شارل دهم پادشاه فرانسه شد. در آغاز سال بعد، پس از پیروزی‌های هیجان‌انگیز مصر در یونان، تزار روسیه تهدید کرد که به یاری شورشیان خواهد شتافت - نه برای جنگ به خاطر دموکراسی که وی از آن بیم داشت، بلکه برای آزادسازی یک کشور مسیحی از چنگ مسلمانان. انگلیس‌ها که سیاست عملی‌شان تنها در جهت منافع ملی‌شان کار می‌کرد، بیشتر نگران دور نگاه داشتن روس‌ها از مدیترانه بودند؛ آنان بدین دلیل با مداخله مخالفت می‌کردند، اما فقط تا زمانی که فرانسه نیز خود را از برخورد دور می‌داشت.

برغم عقیده عمومی فرانسویان، پادشاه هواخواه افراطی سلطنت فرانسه (که مسائل و مشکلات خودش با جراید نهایتاً موجب برکناری او از سلطنت در سال ۱۸۳۰ شد)، هیچ گونه سودی برای قیام دموکرات‌ها نداشت. سه روز پس از ۱۴ جولای ۱۷۸۹ یعنی روزی که مردم زندان باستیل را گرفته بودند، او

به‌عنوان نخستین تبعیدی سلطنتی از فرانسه بیرون رفت. در ۱۷۹۳ انقلاب فرانسه برادر بزرگ‌ترش لوئی شانزدهم را گردن زد که برای قفل‌سازی غیرحرفه‌ای مناسب‌تر بود تا پادشاهی. یکی از خواهرانش نیز در ۱۷۹۴ به زیر گیوتین رفته بود.

افزون بر این، در فرانسه سده هجدهم، شارل دهم یک وجود غیر متعارف بود: یک فرانسوی که زیر بار سنت انگلیسی بوده؛ ممنون به خاطر پناه دادن بی‌مزاحمتشان در طی عصرهای انقلابی و ناپلئونی فرانسه. هنگامی که شاهزاده مهاجر پس از شش سال سرگردانی و تبعید در سال ۱۷۹۵ به سوی بندر اسموت بادبان کشیده بود، مشاهده کرده بود که طلبکاران در لنگرگاه ایستاده‌اند. دولت اعلیحضرت پادشاه انگلستان برای برگرداندن شرمساری از مهمان سلطنتی خود او را در شب پیاده کرده از زندان طلبکاران نجات داده بودند.

با بازگشت سلطنت، باغ وحش پاریس یکبار دیگر به نمایشگاه سلطنتی دام تبدیل شد. بی‌درنگ پس از به پادشاهی رسیدن شارل دهم، وزارت خارجه دستورالعملی را به سفارت‌خانه‌ی کشورش در سراسر دنیا ارسال کرد و دستورات لازم برای غنی کردن این دامگاه یا نمایشگاه حیوانات، صادر شده بود.

«دستورات برای مسافران و برای کارفرمایان مستعمرات»- و طی آن خواست سلطان تازه برای غنای نمایشگاه سلطنتی دام همه جا اعلام داشته بود. دروتی بی‌درنگ هدیه‌ای شامل دو بز کوهی افریقایی نر و ماده فرستاد که به خاطر آن مراتب سپاسگزاری شاه جدید را دریافت کرد.

کنسولگری دروتی که اکنون در معاملات خصوصی حیوانات تجربه داشت، رسماً دست به فرستادن حیوانات به عنوان هدایای رسمی از حانب محمدعلی می‌زد. وزارت امور خارجه در

پاریس قانون مبهمی را کشف کرده بود که به کنسول در خاورمیانه اختیار می‌دهد که از فرماندهان یا صاحبان کشتی‌های فرانسوی بخواهند که حیوانات عجیب و غریب خارجی را که به مقصد نمایشگاه سلطنتی دام فرستاده شده بودند سوار کنند ... از دریا مردانی که در اجرای حکم سرسختی به خرج دهند رسماً شکایت و شدیداً مجازات خواهند شد.»

این حیوانات زندگی بر روی عرشه‌ی کشتی‌های فرانسوی در حال گذار از مدیترانه را جالب توجه‌تر کرده بودند. اسناد بایگانی موجود در مارسی ورود یک طوطی را از اسکندریه ثبت کرده‌اند که همراه با گربه‌سانی هدیه‌ی محمدعلی از یمن فرستاده شده. در توضیح برای نگهداری آمده است: «گونه وحشی» نیازمند به قفس تازه «در اسرع وقت ممکن». کاپیتان یک کشتی دیگر از اسکندریه، از ورودیه مارسی برای جلوگیری از فرار کفتاری که نزدیک بود از قفسش فرار کند. تقاضای یک زنجیر کرد- حاشیه یک تذکاریه به فرمانده‌ی کشتی با اعتراف به خطر «این جانور وحشی» و تقاضای تأمین «همه‌ی احتیاطات لازم ... به منظور آنکه سلامت عمومی به هیچ‌وجه در خطر نیفتد ...» مقامات محلی تأکید کردند: «بدون از دست دادن لحظه‌ای» باید مواظب بود.

اشتیاق دروتی مورد توجه شارل دهم پادشاه تازه قرار گرفت، آرزوی محمدعلی برای همراهی کردن با پادشاه و در هم‌آمیزی با کنسول او را به فکر فرستادن نخستین زرافه به فرانسه انداخت. چنین هدیه‌ی دیدنی و تاریخی دروتی را مورد لطف بیشتر سلطان قرار می‌داد و احتمالاً به کاهش بخشی از خشمی یاری می‌کرد که به سبب یورش حتمی بر یونان توجه نایب‌السلطنه را به خود جلب کرده بود.

***

حتی پیش از آن که زرافه در سال ۱۸۲۴ زاده شود، نایب‌السلطنه دستور به دام انداختن او را صادر کرده بود. شش روز طول کشید تا فرمان نایب‌السلطنه از اسکندریه به قاهره برسد و سپس دو ماه به سوی نیل علیا به ساخلو استحکامات تازه‌اش در خارطوم. در آن پاییز، پس از باران، شکارچیان عرب از سنار راه افتادند که در دویست مایلی جنوب نیل آبی بود. ده روز طی طریق آنها را به مرتفعات دشتی رسانید که در آن موقع اتیوپی خوانده می‌شد و اکنون جنوب شرقی سودان است. در ماه دسامبر زرافه به‌احتمال دو ماهه بود بلندای قدش هم بیشتر ازمردانی نبود که مادرش را کشته تبدیل به گوشت کافی برای بین راه با چهار شتر حمل کردند.

از میان حیوانات زمینی، زرافگان بزرگترین چشم‌ها را دارند. بینایی حیرت‌آور و شگفت‌انگیز این جانداران موجب می‌شود که از فاصله یک مایلی با یکدیگر تماس دیدی داشته باشند. ماوراء بو یا صدا، و این ویژگی به آنها امکان می‌دهد که شأن و مقام منزوی بودن جانوران ساکت را به خود اختصاص دهند. قد و قواره بلند زرافه موجب می‌شود در دید شکارچی‌ها باشند. اما ارتباط چشمی زرافه‌ها با هم این امکان را از شکارچی‌های می‌گیرد. به محض احساس خطر، بی صدا و حرکت، تنها با نگاه، خطر را به یکدیگر خبر می‌دهند. با توجه به میدان دید و میدان تیررس شکارچی‌ها که در دشت بیش از ۱۰۰ یارد نیست، امکان خطر و تهدید بسیار کم می‌شود.

همین خصیصه پیش‌آگاهی بود که مصریان را واداشت در گوشه‌های (هیروگلیف) خود برای واژه «پیشگویی» از شکل زرافه استفاده کردند.

خرامیدن ناشیانه، بی‌شتاب و شگفت‌انگیز زرافه این حقیقت را نشان می‌دهد که یک زرافه‌ی بالغ می‌تواند با یک لگد شیری را هلاک سازد و بر یک اسب پیشی گیرد. شکارچیان عرب می‌گفتند اسبی که بتواند در یک روز از دو زرافه سبقت گیرد به درد شاه می‌خورد. یک زرافه بالغ می‌تواند نخست بر یک اسب پیشی بگیرد، اما ریه‌هایش برای بدن بسیار بزرگش کوچک‌اند. زرافه همانند همه حیوانات عظیم دشت، سرعتش تکامل یافته‌تر است از نفس کشیدنش. عرب‌ها با پیاده‌روی‌های طولانی زرافه مادر را خسته می‌کردند، سپس وی را در میان می‌گرفتند تا پیش از نیزه‌باران کردن، با شمشیرهای بلند او را از پای در آورند. زرافه‌ی علیرغم لنگ و فلج شدن، تا پای مرگ جنگ خواهد کرد، هنوز می‌تواند با دست‌ها که جلو هستند مردی را از پای دراندازد و یا با سر و گردن آسیب دیده اسبی را به زانو درآورد.

هر زرافه‌ای نشان منحصر به خود را دارد، مانند اثر انگشت افراد انسانی. پوست مادر، به ضخامت یک اینچ که نفوذناپذیر نبست به خار اقاقیا که بچه‌اش را از شیر و پلنگ و دسته‌های کفتار و شغال پناه می‌دهد؛، می‌توانست برای سپر جنگی،مشک‌های آب،تسمه‌های اسب‌دوانی و شلاق استفاده شود. به همین سبب شکار زرافه برای شکارچیان اهمیت داشت. دم زرافه معجزه پنداشته می‌شد، زیرا که نقاشی‌های ماقبل تاریخ موجود غارها زرافه را حیوانی با ارزش توصیف کرده بودند.از دم زرافه، مگس‌کش ویژه‌ای برای شاه ساخته می‌شد. پاره‌ای از رشته‌های سیمی آن به هم بافته به صورت گردنبند طلسمی درمی‌آمد مانند کمربندهایی که هنوز شکارچیان امروز برای فروش به جهانگردان افریقای تهیه می‌کنند. استخوان‌های بلند ساق پای او کار چماق و چوب‌دستی را می‌کرد و یا به صورت

فلوت تراشیده می‌شد. گوشتش، که خوشمزه به حساب آورده
می‌شد فروخته و یا در معامله‌های پایاپای مبادله می‌شد.

یک زرافه جوان، زرافه ماده دیگری هم با تن بیمار نیز اسیر
شده بود. از آنجا که زرافگان در گروه‌های پراکنده‌ی سه یا چهار
نفره زندگی می‌کنند، مادگان به مراقبت از بچه‌های خود بعد از
یک بارداری طولانی چهارده ماهه می‌پردازند. این دو زرافه اسیر
احتمالاً نیم خواهر بودند. در طی چند روز بعدی بچه‌ها به دقت
آرام شدند به پذیرفتن شیر از شکارچیان سپس دو بچه زرافه با
دست‌هایشان بر پشت شتران بسته شده و در کاروانی با اجساد
از هم جدا شده مادرانشان سفر شمال خود را با راه‌پیمایی به
سوی سنار آغاز کردند.

دو زرافه یتیم یکدیگر را برای تسلای خاطر داشتند، اما آنها
بدان جهت از اسارت جان بدر بردند که بسیار جوان و هنوز
تحت تیمار بودند. شکارچیان از تجربه بی‌رحمانه دریافته بودند
که یک زرافه از شیر گرفته شده، در مبارزه برای فرار بزرگ‌تر و
نیرومندتر عمل می‌کند. او برای آزادی حتا حاضر است دست به
نخوردن شیر یا غذا بزند و حتا بمیرد. بنابراین آنها، زرافه‌هایی
که رام‌ناشدنی و زنده نگاه‌داشتن‌شان غیرممکن بود را
می‌کشتند. غالباً حتی کم‌سن و سال‌ترین آنها نیز در اثر ترس
بی‌حاصل آسیب می‌دیدند. اما اگر آنان آنقدر کوچک بودند که
بتوان آنها را برای چند روز بدون آسیب زنده نگاه داشت، تغذیه
آنها را خاطر جمع می‌کرد و وابستگی‌شان به مادر به مراقبان
انسانی منتقل می‌شد.

از روز گرفتار شدن زرافه تا دو سال و نیم سفرش با شتر،
قایق‌های شناور بر روی نیل، کشتی، و پای خودش به پاریس،
جثه‌ی بزرگ وی او را زنده نگاه‌داشت: او کوچک ماند. او یک
زرافه‌ی ظریف شد؛ کوچک‌ترین نوع زرافه بین سه گونه‌ی فرعی

زرافه‌ها بود، زرافه‌های روچیلد میان اندازه، خال‌دار و دارای چشمانی زیبا هستند. قد زرافه در هنگام تولد از چهار تا شش پا است، به آهستگی رشد می‌کند و آن قد تا سن بلوغ به سه برابر می‌رسد. حتی یک زرافه نر خال‌دارمی‌تواند به ۱۸ تا ۲۰ پا و وزنش به ۱۵۰۰ کیلو برسد. گرچه قد کامل زرافه در هنگام بلوغ درست بالای ۱۲ فوت - که حتی برای نوع زرافه ماسایی که از گونه کوچک‌اندام‌ها است هم ظریف‌تر بود — شده بود به طور حیرت‌انگیزی مینیاتوری به نظر می‌آمد و قابل کنترل.

از آنجا که این دو زرافه نوجوان ملک نایب‌السلطنه دیکتاتور بودند، غفلت از نگاهداریشان به قیمت جان مراقبان آنها تمام می‌شدو ارزش جان و زندگی برای مراقبانشان را داشتند. تغذیه دو زرافه جوان توسط شکارچی‌ها و مراقبین، در آغازبا شیر شتر و بعدتر با شیر گاو انجام می‌شد. مصرف شیر گاو این دو زرافه روزانه بیش از ۱۰۰ لیتر بود که با هر بدبختی می‌بایست فراهم می‌شد.

وابستگی اولیه زرافه‌ها به افراد انسانی- در زاغه‌های برده‌گیری در سنار و خارطوم- بچه زرافه‌ها را به حیوانات واقعاً دست‌آموزی تبدیل کرد. به همین دلیل هم جمعیت تماشاگری که او در زندگی با آنان روبرو می‌شد را دوست داشت. حتی در سنار و خارطوم هم او موجودی نایاب بود. در فرانسه روستا نشینان ساده و پاریسی‌ها به یکسان گرد می‌آمدند تا حس کنجکاوی برای دیدن این موجود تازه که از جهانی بیگانه آمده بود را ارضا کنند. اما توقع و انتظاراتشان هر چه بود، هر کس که او را می‌دید کاملاً شیفته‌اش می‌شد، بی‌شک بدان علت او چنان اطمینان حیرت‌آوری نسبت به انسان از خود نشان می‌داد.

فصل ۶
دریای شیر

در سنار دو زرافه کوچک به یک قایق بادبانی منتقل و به تراژدی انسانی- «عاج سیاه»- بردگانی پیوستند که نیل آبی را به سوی خارطوم می‌پیمودند. البته، بر خلاف بردگان، زرافه‌های کوچولو برای رسیدن و بنیه گرفتن برای مسافرتشان به جنوب نیل، در سنگر استحکامات باقی ماندند.

نایب‌السلطنه با خبرهای رسیده از خارطوم از خوشحالی در پوست خود نمی‌گنجید. خوشحالی او با داشتن دو زرافه یکی این بود که آنها را برای تحت تأثیر قرار دادن دوستان فرانسوی مورد استفاده قرار دهد و دیگری به منظور اظهار لطف به انگلیسی‌ها. دروتی و حسن، چوپان مورد اعتمادش مراقب زنده ماندن دو زرافه بودند. حسن یک عرب بدوی بود که زندگی چادرنشینی خود را به عنوان یک شکارچی رها کرده بود. اکنون

او متصدی خبره حیوانات دروتی بود، سپاس او را که فرانسه نخستین زرافه‌اش را خواهد داشت و ماشاءالله که انگلیس هم.

پیش از آن محمدعلی یکبار دیگر با حسن در چنین جریانی قرار گرفته بود. در ۱۸۲۳، حسن پیش از تصدی و اداره کار سفارشات حیوانی دروتی، یک زرافه‌ی دیگر را همراهی کرده بود. زرافه‌ی جوان نری که توسط محمدعلی برای سلطان در قسطنطنیه فرستاده می‌شد - هدیه‌ای گواه بر توسعه امپراتوری عثمانی با فتح نوبیه و سودان در آن سال توسط محمدعلی. قسطنطنیه از سده شانزدهم به بعد که زرافه‌ای به مناسبت رسیدن یک وارث جوان به سلطانی به مجلس جشن فرستاده شد، زرافه‌ای ندیده بود. محمدعلی انتظار سپاسگزاری از سوی سلطان را داشت. حسن از شکار و رسم نگهداری از زرافه‌ها می‌دانست که آن حیوان به رژیم غذایی شیر نیاز دارد. اما احمقان ترک توجه به سفارش عرب بیابانی ژولیده را نادیده گرفتند. سرانجام زرافه‌ای که مورد احترام، ستایش و تکریم نایب‌السلطنه بود، به هلاکت رسید.

در این نوبت دستورات حسن که محمدعلی شخصاً آنها را به دروتی ابلاغ کرده بود، نیروی اقتدار فرمان‌های سلطنتی را داشت که پیوسته از کاخ در اسکندریه به کارگزاران در قاهره و همین طور تا بالای نیل به کسانی صادر می‌شد که مسؤولیت زرافه و همراهش را بر عهده داشتند. در مرتعی که بچه زرافگان در خارطوم رشد می‌کردند حسن از دور مراقبت می‌شد.

***

تنها چند ماه پیش از ورود زرافه‌ها پادگان در خارطوم مستقر شده بود. در دوران شانزده ماهه رشد و پرورش حیوانات مزبور در آنجا، اردوگاه نظامی به روستایی با کلبه‌های گلین

توسعه یافت که مباشران و ناظران تجارت برده‌ی نوین محمدعلی را در خود جای می‌دادند.

در بهار و پاییز لک‌لک‌های مهاجر آسمان خارطوم را پر می‌کنند. دسته‌های بزرگ جفت‌هایی که مادام‌العمر با هم به سر می‌برند چندان آهسته پرواز می‌کنند که به نظر نمی‌رسد در حالت پرواز باقی بمانند. با چنین پرواز آرامی در آمدن از آشیانه و طی مسیر از نیل تا اروپا ناممکن می‌نمود. هنگامی که لک‌لک پر می‌گشاید، اسکندریه هزار مایل تا خارطوم فاصله دارد، همان مسافتی که نیل برای رسیدن به مرز مصر می‌پیماید.

شرح سفرهای زرافه‌ها از خارطوم به سوی کشورهای اروپایی خیلی مغشوش و درهم و برهم است. گزارش‌های بعدی فرانسویان صرفاً بر پایه گفتگوهای ترجمه شده با نگهبان‌های عرب زرافه‌ها در مارسی تهیه شده‌اند که دو دسته از آنان بی‌نام بودند و حتی گروهی از آنها پس از ورود به فرانسه به زودی به مصر بازگشتند، در پرونده‌های موجود اسمی از آنها دیده نمی‌شد.

هویت دو محافظ دیگر رسماً به وسیله مقامات گمرک مارسی به عنوان کسانی که از اسکندریه با زرافه راه افتاده‌اند و او را به پاریس هدایت کرده‌اند: رئیس محافظان حسن و دستیار او شناسانده شده بودند: مراقب اصلی زرافه‌ها، حسن و دستیارش عطیر.

دروتی، عطیر را مستخدم سیاه‌پوست من، توصیف می‌کند اما سنت هیلاری او را به عنوان برده پیشین دروتی به شاه معرفی می‌کند. در آن هنگام در مصر رسم بر این بود که اروپاییان تبعیدی مستخدمانی را بخرند که به اعتبار اقامتشان خارجیان آزاد شمرده می‌شدند. بردگان کارفرما شدند، مخصوصاً در میان فرانسویانی که در مصر زندگی می‌کردند. در ۱۷۹۴

انقلاب فرانسه، برده‌داری را در آن کشور و مستعمراتش غیر قانونی اعلام و به سیاهان کلیه حقوق شهروندی اعطا کرده بود. همترازسازی جامعه‌ی فرانسوی نیز در آغاز عضویت در باشگاه‌ها، سازمان‌های شغلی و مذهبی و حتی انجمن‌های ادبی را منع کرده بود.

عطیر سودانی بود و جای زخم‌های قبیله‌ای چهره‌اش او را اهل جنوب می‌شناسانید. این موضوع وسوسه‌انگیز و بسیار عجیب است که او توانسته بود در خارطوم زرافه پرورش دهد و با حسن و یا بدون حسن، پیش از زندگی با هم در فرانسه، زرافه را به پایین نیل آورده باشد. اما روایت دومی نیز در مورد این مسئله بین اعراب وجود دارد؛ اعراب در مورد گرفتار ساختن زرافه و سفر متعاقب آن بحث می‌کنند که هیچ یک از دو مرد پیش از رسیدن زرافه به قاهره، با او همراه نبوده‌اند.

با نقش مترجم پسر برادر دروتی میان عربان و دانشمندان در مارسی، حقیقت سفر زرافه از خارطوم به اسکندریه در سخنان نامفهوم و با زبانی شگفت‌انگیز پراکنده شده است. زرافه که از دست افراد انسانی شیر خورده بود، تا هنگامی که جوان بالغی شد، از شیر گرفته نشد. اعراب ترجیح دادند شیر خوردن زرافه طی مسیر را با وجود آب مخصوصی در یکی از دریاچه‌های سوئیس توضیح دهند.

از یک دریاچه عظیم که آبش سفید، شیرین و کمی گرم است ... حتا از راه دور هم زرافگان عادت کرده‌اند به آنجا بیایند و آب بنوشند. در این معنا به همین دلیل آنها تنها شیر می‌خواهند که رنگ، مزه و گرمای آب این دریاچه سپید را دارند، دریاچه‌ای که بسیار درازاست، اما پهناور نیست و جایی که انبوهی از تمساحان و حیوانات علفخوار که طبق توصیف آنان،

می‌بایستی کرگدن باشند ... نام عربی دریاچه‌ی مورد بحث «بحرالابیض» است که به گفته آقای دروتی «دریای شیر» معنی می‌دهد.

دانشمندان فرانسوی در مطالعه نقشه برای یافتن این دریاچه «بحرالابیض» را پیدا کردند که نام عربی «نیل سپید» است. اما زرافه در دورترین نقطه شرقی اسیر و از راه نیل آبی به خارطوم آورده شد.

آنچه در این ماجرا مبهم و گیج کننده بود، تاریخ سفر زرافه است؛ به روایتی سفر شانزده ماه طول کشیده که عربان گزارش کردند - یا آنها ترجمه کردند- یعنی زمان شکار زرافه در سنار تا ترخیص کردنش از گمرک مارسی در ۱۴ نوامبر سال ۱۸۲۶.

روایت شگفت‌انگیز زرافه تألیف یکی از آکادمیسین‌ها در مارسی، مردی که فقط به عنوان آقای سلز شناخته شده است چنین بیان می‌دارد: «زرافه‌ی جوان، به همراه دیگری هم سن و هم‌جنس خود از سنار به قاهره سفر کرد، در بخشی از راه همراه با کاروان راه می‌رفت، دوباره روی نیل در قایقی که مخصوصاً برای او آماده شده بود».

پیش از آرام‌سازی نیل علیا توسط ترکان، نقطه‌ی سوار کشتی شدن روی رودخانه اسوان بود که در انتهای ضلع شمالی عبور از دشت، درست پس از آخرین آبشار (شش آبشار در آنجا بود) پایین رودخانه از خارطوم و به دور از مزاحمت قبایل غارتگر قرار داشت. اما جفری سنت هیلاری در مورد عبور زرافه در بهار بعدی از مارسی به پاریس روایت سومی را می‌نویسد، مطالبی که شرایط را تیره و دشوارتر از پیش می‌سازد: «این زرافه‌ها نخست پیاده با کاروانی از مشاریه و سپس از طریق نیل از اسیوت تا قاهره سفر کردند.»

اسیوت در فاصله ۲۵۰ مایلی اسوان قرار دارد که به آسانی قابل کشتیرانی است و بنابراین مسافرت زمینی را غیر ضروری می‌سازد. اما با در نظر گرفتن اطلاعات ناقص قرن نوزدهمی اروپا در محدوده نیل و پیروزی اخیر نوبیا و سودان توسط نایب‌السلطنه این فرض یک اشتباه منطقی بود که چنانچه زرافه و همراهش می‌بایستی طول شش آبشار را از راه زمین طی کنند، چنین سفری به می‌بایست به اسیوت منتهی می‌شد.

اسیوت در سر راه کاروان‌رو قدیم مشهور درب‌الاربعین-جاده‌ی چهل روزه قرار داشت. اما این راه نیل را تعقیب نمی‌کرد؛ راه مزبور از خارج سودان خاوری به شمال باختری می‌پیچید، و آخرین بخش راه دراز از تیمبوکتو بود و ملازمان زرافه هرگز آن را مورد استفاده قرار نمی‌دادند.

آنگاه مسأله گرما پیش می‌آید. اگر آن ۱۶ ماه را از هنگام ورود زرافه به مارسی در نوامبر رو به عقب حساب کنیم، غیرممکن به نظر می‌رسد که دو زرافه ۸ ماهه- هیچ کس جز شخص نایب‌السلطنه ترسناک دستور حداکثر احتیاط در مورد آنها را صادر نکرده بود- در نیمه جولای در امتداد صحرا راهی می‌شدند. گذار بدون آب از بربر تا آسوان مستلزم روزانه ۵۵ کیلومتر راه‌پیمایی برای پیش از دو هفته بود، گرمای دشت در جولای از یخبندان در شب تا ۷۵ درجه سانتیگراد در طی روز در نوسان بود.

همچنین، این شرح وقایع نامعقول حذف کردن چهار ماه فاصله میان ورود زرافه به اسکندریه و روزی که به سرزمین فرانسه پای نهاد - مستلزم این است که سفرش از سنار به پایین نیل یازده ماه طول کشیده باشد. برعکس در ۱۸۹۴ کرگدنی که راهی انگلستان بود، فاصله خارطوم تا مدیترانه را درست در طی شصت روز با کشتی طی کرد.

مسأله دیگر موضوع سلامت زرافه دیگر است. پاهای همسفر
زرافه که چنان لنگ بود که به مجرد ورود به انگلستان در سال
بعد نمی‌توانست بایستد، توانایی کشیدن او به مسافات طولانی را
نداشتند. دروتی با دیدن دو زرافه در اسکندریه، به وزیر امور
خارجه‌اش گزارش داد که «زرافه همراه بسیار بیمار است و زیاد
زنده نخواهد ماند.» در حالی که زرافه «نیرومند و قوی بنیه
می‌نمود، در رشد اما کامل نبود. ولی به یقین اکنون هر دو برای
حمل بر روی شتر چنان بودند که هنگام شکار شدنشان در
هنگام دو ماهگی.

مهمتر از همه آنکه هر دو زرافه هنوز شیر می‌خوردند. در
این زمان به گزارش حسن و عطیر در مارسی هر یک از آنها
روزانه ۱۰۰ لیتر شیر گاو مصرف می‌کرد. تهیه مطمئن این
مقدار شیر به هنگام پیمودن راه میان خارطوم و قاهره مستلزم
داشتن دست کم شش گاو محلی بود حیواناتی که نمی‌توانستند
راه پیمودن با کاروان‌ها را تاب بیاورند و قادر به راه‌پیمایی با
کاروان‌ها هم نبودند.

***

فراگرد تاریخی و منطقی فصلی حکم می‌کند بر این که زرافه
و همراهش از طریق دو سفری که شانزده ماه با یکدیگر فاصله
داشتند، تمام طول ۳۵۰۰ کیلومتری پایین نیل آبی و نیل از
سنار تا اسکندریه را با کشتی حمل شدند.

قایق‌های بادبانی بزرگتر نیل چهل پا طول و بیش از دوازده
سرنشین داشتند. کارکنان قایق‌ها از سقف یک کابین عقب
کشتی که اندازه‌اش بین مقدار یک عرشه کوچک فوقانی ساده
تا عرشه فوقانی به درازی نیمی از تنه کشتی در نوسان بود،

سکانداری می‌شدند. دو بادبان جلویی که با نهایت ظرافت به صورت سه‌گوش درآمده بودند که دسته بادبان می‌توانستند بالا و پایین بروند و به صورت الاکلنگ و روی پاشنه بچرخد و بادبان‌ها را به بالای کشتی ببرند یا به هر یک از دو طرف گسترش دهند. برای هم‌آهنگی کشتی در جلو پهن و در عقب نازک بود.، همین ویژگی که قوسی کوتاه‌تر بوجود می‌آورد تا هنگامی که قایق به کناره می‌رود، حرکت آسانتر باشد. قایق‌های بادبانی مزبور که عقب بلندی داشتند، رو به عقب بر روی صخره‌های شش آبشار میان خارطوم و آسوان کشیده و با اهرم‌های ویژه‌ای که روی آنها سوار شده بود، مهار می‌شدند.

جز در طوفان‌های سیل‌وار تابستانی، یا در جزر و مدهای زمستانی که جریان چندان مرتفع نبود که به کشیده شدن قایق‌ها به بالای آبشارها کمک کند. کشتیرانی بر نیل علیا آسان بود. ماه‌های می و جون که آب شروع به بالا آمدن می‌کرد و باد از جنوب می‌وزید زمان ایده‌آل سال بودند. از خارطوم به ورای آبشارها و تا دریا سفری دو ماهه بود که با ورود زرافه‌ها به اسکندریه در جولای جور درمی‌آید.

زرافه‌ها می‌بایستی بر روی عرشه کشتی، وسط کابین و دکل‌هایی به شکل خیمه و از جنس کرباس که به جلو و عقب کشتی وصل هستند و با نسیم پیش برده می‌شوند، حمل شوند. قایق‌های عازم شمال هم چنین حامل میمون‌هایی بودند که از دکلی بالا می‌رفتند، و بر روی طناب بادبان‌های کشتی که به پیش می‌راندند شکلی درست می‌کردند که هزاران سال پیش در نقاشی‌های دیواری و حجاری‌های مصری توصیف شده‌اند.

زرافه‌ها در هر آبشاری از قایق پیاده می‌شده‌اند، در حالی که میمون‌ها بر روی عرشه می‌ماندند، و جیغ و فریادی را بر

آوازهای مردانی می‌افزودند که در حال کشیدن طناب‌های مهار شده بر عرشه به دو کناره بودند.

هنگامی که زرافه در بهار سال ۱۸۲۶ به سوی پایین نیل سفر می‌کرد، بیشتر مسافران رودخانه را بردگانی تشکیل می‌دادند که به سوی قاهره برده می‌شدند. اسیران انسانی می‌بایستی از منظره دیدن قایق دیگری که دو زرافه را حمل می‌کردند، شگفت‌زده شده باشند. زنان اتیوپیایی که گرد هم آمده بودند، با دیدن آن حیوانات میهن خود چه فکر می‌کردند؟

قایق‌ها شب‌ها را در کنار یکدیگر اطراق می‌کردند و خدمه به دور هم گرد می‌آمدند. فلوبر یکی از این برخوردارها را چنین شرح می‌دهد: «ارباب... دسته‌ای از پرهای شترمرغ را به ما هدیه کرد .. زنی موهای خود را با تیغ جوجه تیغی شانه کرده: گیسوهای بافته یکی‌یکی باز و دوباره و دوباره بافته شده‌اند. بر روی این قایق‌ها، در میان زنان، پیرزنان سیاه‌پوستی وجود دارند که دائماً در حال سفر و تکرار سفرند؛ آنها برای تسلای خاطر بردگان جدید و بالا بردن روحیه در آنجا هستند؛ آنان به بردگان یاد می‌دهند که تسلیم سرنوشت شوند و نقش مترجم میان آن بردگان و بازرگانان عرب را بر عهده دارند.»

هنگامی که زرافه و هم‌سفرش از کنار طبس که اکنون اقصر نام دارد، می‌گذشتند دو زرافه دیگر در آنجا بودند - هر دو بر بالای تپه‌های کناره‌ی غربی، هر دو نیز خراج سلطنتی، هر دو کهن‌تر از ستون‌های سنگی در معبد اقصر و هر دو چندین دهه در انتظار کشف شدن به وسیله مصرشناسان.

یکی از این دو زرافه بر روی آرامگاه هتشپسوت نخستین فرمانده زن مصر حجاری شده بود که سفرش به سرزمین پونت در قرن پانزدهم پیش از میلاد مسیح نه تنها به عنوان نخستین انسان‌شناسی در یک فرهنگ دیگر ضبط شده، بلکه زرافه را به

آخورش بازمی‌گرداند که نخستین باغ وحش شناخته شده تاریخ است.

دیگر زرافه طبس ۳۵۰۰ سال پیش در آرامگاه رخمی نقاشی شده بود که وزیر آن زمان به حساب می‌آمد. یکی از وظایف وزیر مزبور دریافت خراج از بیگانان به حساب فرعون بود، و اینجا در میان آرامگاهی که بر روی دیوارهای آن نقاشی شده است - همراه با یک خرس کوچک و یک بچه فیل سوری و یک پلنگ افریقایی که همه به یک افسار بسته شده‌اند- زرافه‌ای وجود دارد که یک میمون سبز بازیگوش از گردنش بالا می‌رود. این زرافه، مانند زرافه خودمان، جوان و به سختی دو پا بلندتر است از کسی که مسؤولیت نگهداری از آن را بر عهده دارد. این زرافه برای هدایت شدن فقط به پاهای جلویش افسار بسته شده است، زیرا به اندازه کافی رام و سر به راه است.

فصل هفتم
بدرود

رود نیل برای تکمیل سفر خود در شمال قاهره و در ۱۹۰ کیلومتری دریا، تقسیم می‌شود. دو شاخه‌ی اصلی از یکدیگر جدا می‌شوند و با شاخه‌های فرعی خود مانند چتر درخت کاغذی در امتداد دلتای رود گسترده می‌شود. قایق‌های عازم مدیترانه شاخه غربی را به سوی کانال مملوکیه در پیش می‌گرفتند و از آنجا راه خود را به مدت پنج تا شش روز دیگر ادامه می‌دادند و با فرو رفتن خورشید، به اسکندریه می‌رسیدند.

اسکندریه در نخستین ۷۰۰ سال موجودیتش یکی از نخستین شهرهای بین‌المللی جهان بود که دانش‌پژوهان بسیاری از سراسر گیتی را در خود جای داده بود. پس از آن که اسکندر کبیر در سال ۳۳۲ پیش از میلاد مصر را فتح کرد، پایتخت به اسم وی نامگذاری شد و به مسیر عمده مدیترانه میان اروپا و آسیا تبدیل گشت. در زمان فرمانروایی جانشینان اسکندر یعنی بطالمه، اسکندریه رقیب معماری آتن شد. چراغ دریایی بطالمه یکی از عجایب هفتگانه جهان بود. آنان دست به

ایجاد کتابخانه‌ای افسانه‌ای زدند که همه کشتی‌های وارد شونده به بندر، همه خواندنی‌های خود را برای نسخه‌برداری توسط ناسخان، تسلیم می‌کردند. اسکندریه شهری بود دارای ۳۰۰ هزار تن جمعیت و ۷۰۰ هزار جلد کتاب.

واپسین بطالمه کلئوپاترا بود که در نخستین سده‌ی پیش از میلاد، مصر را به رومیان باخت. پس از خودکشی کلئوپاترا و مارک آنتونی، دو پسرشان که جوان‌ترین‌شان ۶ ساله بود، به عنوان گروگان به روم برده شدند. اوکتاویان پیروز که پسرخوانده ژول سزار بود، دستور اعدام سزار (قیصر) یون پسر هجده ساله‌ای را صادر کرد که کلئوپاترا از سزار داشت.

یورشگران رومی کتابخانه را سوزاندند، اما اسکندریه به مدت سه سده‌ی دیگر همچنان مرکز بازرگانی و روشفکری جهان مدیترانه باقی ماند. رومیان نخستین کانال از نیل به اسکندریه را حفر کردند و مصر انبار غله امپراتوری آنان گشت. جمعیت اسکندریه به یک میلیون رسید که به این اعتبار دومین شهر پس از رم بود.

بازرگانی و فرهنگ سه تمدن باستانی - مصری، یونانی و رومی - بدین ترتیب در اسکندریه با هم برخورکرده به بار نشستند. نقشه‌کشی و اخترشناسی بطالمه، اسکندریه را در مرکز جهان قرار داده بود. اما با فروپاشی امپراتوری روم، این شهر در تقاطع آسمان و زمین تاریخ، بر اساس انحطاط تاریخی تبدیل به عقب مانده‌ی منحط سیاسی شد که سرانجامش سقوط در توطئه سیاسی، شورش، قحطی و بیماری‌های ناعلاج بود. در پایان سده‌ی چهارم، هنگامی که مسیحیت به صورت دین رسمی امپراتوری رم درآمد، پرستشگاه‌های کهن قدیم اسکندریه ویران و انجمن‌های آموزش بسته شدند. در سده‌ی هفتم فتح مسلمانان ویرانی شهر را کامل ساخت. فانوس دریایی معروف یا

به وسیله زلزله و یا به موجب افسانه، به وسیله اعراب که در جستجوی طلا بودند، واژگون گشت. هنگامی که مسلمانان اسکندریه را ترک کردند پایتخت نوین خود قاهره را بنیاد نهادند، کانال قدیم رومی به حال خود رها و با لای و لجن پر شد.

یورش ناپلئون اهمیت استراتژیک اسکندریه را دوباره برقرار کرد. محمدعلی با رونق بخشیدن به بازرگانی خارجی مصر، بندر را بازسازی و از نو زنده و باقدرت ساخت. در سال ۱۸۱۹ برای محمدعلی، بندر اسکندریه بسیار پر اهمیت شده بود- پس از آن که به دستور او کانال دوباره حفر و بنام سلطان ترک، محمود نامگذاری شد- اسکندریه به صورت سکونت‌گاه اصلی او درآمد. او در یکی از شهرهای بسیار کوچک مقدونی بزرگ شده بود، پسر یک نظامی که او هم کشتی باری کرایه می‌داد و تجارت تنباکو می‌کرد. برای او دریا آشناتر بود، تا صحرا و اسکندریه با تجمل و جهانی بودنش بیش از قاهره یادآور این نکته بود که وی از کجا به کجا رسیده است.

***

در اسکندریه دریا پیوسته در حال تغییر است - در قسمت‌های کم ژرفا، فیروزه‌ای، در قعرها، بنفش و در سطح بیرونی، پهناور و آبی که به هنگام وزش باد سبز پررنگ، به هنگام تابش مهتاب، نقره‌فام و با اشعه‌ی زرین خورشید، درخشان و چشم‌نواز می‌شود. — گاه در پهنه‌ای به وسعت پنج مایل، موج‌ها طغیانگرانه وارد بندر می‌شوند و در برخورد با دیواره‌های آهکی ممالیک در مدخل بندر، به صورت رنگین‌کمان درمی‌آیند. نور نیز جیوه‌ای و بدون گرمای شدید صحرا ساکن

است. در اینجا زبان عربی متفاوتی به گوش می‌رسد و با یونانی شدن مصر، زبان نیز چهره عوض کرده است.

با توجه به واقعیت‌هایی که بر نیل- جائی که گرما و چشم‌انداز و گذار از پانزده شهر تاریخی، نامربوط بودن هر نوع زندگی ویژه در حاشیه نیل را تأیید می‌کند. — رفته، اسکندریه تسکین جسمی و احساس روحی است، نومیدی زیبا و گیج‌کننده است، دیگر تن‌ها و چشم‌ها رنج نمی‌برند و فکر با هیبت به جستجوی پناهگاهی برای شرح و تفصیل نمی‌پردازد. - سایه‌ی زودگذر، یک نوشیدنی، مشاهده یک پرنده زنده کوچک، لمس حیوانی مثل میمون سبزی که سه هزار و پانصد سال پیش از گردن زرافه‌ای دیگر بالا می‌رفت و ... تسکین جان و تن است.

سفر باشکوه به پایین نیل به پایان رسیده است، اما اسکندریه به نحو عجیب و غریبی غمگین و افسرده است. در اینجا زمان با مقیاس انسانی می‌گذرد و هرگز عیناً تکرار نمی‌شوند. میدان چهارگوش ممالیک، قلعه‌ای شنی که تنها پنج سده از عمر آن می‌گذرد و بر اقیانوس سرکش یله داده، بسته به نور، از سپیده‌دم تا تیرگی غروب تغییر می‌یابد و به جای سراب صحرا که با منظره‌اش به بهشت مسلمانان طعنه می‌زند، خودنمایی می‌کند. در اینجا رنگین‌کمان با آهنگ تنفس دریا ناپدید می‌شود. مسافری که از جنوب می‌آید مایل به پیش رفتن نیست و دلش برای چیزهای جاودانی می‌تپد.

***

دو زرافه در اوایل تابستان سال ۱۸۲۶ به اسکندریه وارد شدند. سالت با مشاهده این که زرافه از همسفرش تندرست‌تر است، خواهان آن شد. چنین حکایت شده است که با در نظر گرفتن طبیعت دروتی و رابطه‌ی خوبش با محمدعلی، احتمال

نمی‌رود که موفقیت فرانسویان در قرعه‌کشی به شانس سپرده شده باشد. دروتی با حذف جزئیات به وزیر امورخارجه‌اش در پاریس چنین نوشت: «خوشوقتم به آگاهی عالیجناب برسانم که نتیجه برای ما مطلوب بود زرافه‌ها محکم و شاداب‌اند و آن یکی که برای پادشاه انگلستان فرستاده شد بیمار است و ؟به احتمال زنده نخواهد ماند.

زرافه‌ها در دوهزار مایلی زادگاه خود، آخرین سه ماه سفر مشترک خویش را در باغ کاخ محمدعلی مشرف بر مدیترانه گذرانیدند. پایان سپتامبر دورتی برنامه سفر زرافه‌ها از اسکندریه به مارسی را تدارک دید.

دروتی به جای آن که از قدرت کنسول خود برای مسافرت زرافه، یک کشتی فرانسوی استفاده کند، او را به یک هم‌میهن ایتالیایی سپرد. کاپیتان کشتی مردی ساردنیایی به نام استفانو مانارا بود. دروتی پس از بیست و چهار سال زندگی در اسکندریه انواع کشتی‌های اروپایی و فرماندهانشان را به خوبی می‌شناخت؛ اتخاذ تدابیر گران قیمت معنی‌دارتر بود تا فرستادن «حیوان زیبای شاه، به عنوان یک محموله‌ی سفر.

محل زرافه و همراهانش ۴۵۰۰ فرانک یعنی نزدیک به ۷۵۰ دلار امریکایی آن زمان هزینه برداشت.

در این موضوع نشان داده می‌شود که این هزینه به خوبی دو برابر کل مبلغی بود که در طی اقامت هفت ماهه زرافه و همراهان رو به افزایشش در اصطبل مخصوص آماده شده در مارسی صرف شده است.

اکنون حسن با معاونت و همیاری، مسئول زرافه بود. همراهان جدیدش عبارت بودند از سه گاو شیرده و یک بز کوهی که دروتی به عنوان «هدیه‌ای تازه تقدیمی به شاه به وسیله خود کنسول» فرستاده بود. همراهان همچنین شامل

هدیه دو اسب بود به ژنرال، که از خدمت نظامی کوتاهش به نایب‌السلطنه به فرانسه بازمی‌گشت.

دروتی در نظر داشت با زرافه به مارسی برود، اما بیماری مزمن و ناشناخته‌ی او سفر را ناممکن ساخت. گمانه‌زنی می‌شود که وی آن را به عنوان بهانه مورد استفاده قرار داده باشد؛ زیرا با خودداری از مسافرت در صورت مرگ زرافه در طول سفر، نمی‌شد او را در محدوده ناموفق بودن سرمایه‌گذاری مسئول دانست. دروتی به جای خود خواهرزاده‌اش را همراه کاروان کرد تا مترجمی حسن را که وجودش لازم و واجب بود، بر عهده بگیرد.

در عرشه کشتی سوراخی بریده شد تا زرافه بتواند در پایین راست بایستد. در اطراف سوراخ با کاه بالشی درست شد تا در دریای متلاطم برخورد گردن با اطراف سوراخ برایش ایجاد زحمت نکند. یک سایه‌بان کرباسی برای حفظ او از آفتاب و باران نصب گشت. زرافه که برای نخستین بار در زندگیش از همراهش جدا شده بود، به طور ایستاده در میان دیگر حیوانات همراه فرستاده شد، در حالی که گردن و سرش با موجودات انسانی موجود بر عرشه کشتی سفر می‌کرد - بدرودی اندوه‌زای اما تصویری به زیبایی گلستان آفریده شد؛ این واقعیت که گرچه اندازه و نیرویش او را ترس‌آور می‌ساخت، حیوانی عزیزتر از یک حیوان وحشی یا حتی اهلی بود.

کشتی با زرافه و گروه کوچک همراهان تازه‌اش در ۲۹ سپتامبر ۱۸۲۶ از اسکندریه راه دریا در پیش گرفت. این کشتی با برافراشتن پرچم مصر و فرانسه، اهمیت سلطنتی زرافه را نشانگر بود. دروتی به ایتالیایی با برادرزاده‌ی خود و کاپیتان کشتی؛ فرانسه با بویر و به عربی با حسن و عطیر خداحافظی

کرد. همکاران بویر که او را با احترامات نظامی بدرقه می‌کردند، نمایش باشکوهی بر مراسم مزبور افزودند.

برادرزاده‌ی دروتی حامل نامه‌ی دستورات مهمی از کنسول به نماینده امور خارجه در مارسی بود:

همچنین از شما خواهش می‌کنم که در قرنطینه همه اقدامات لازم برای نگاهداری زرافه انجام گیرد و زرافه در محیطی با حرارت متناسب جای داده شود. اگرچه این چهارپا با در نظر گرفتن عرض جغرافیایی زمین حساسیتی به سرما ندارد، معهذا فکر می‌کنم لازم باشد که در مارسی نگاه داشته شود.

... چنانچه گاوانی که آنها برای تهیه شیر جهت زرافه در کشتی می‌گذارم پس از ورودشان دیگر به اندازه کافی شیر نمی‌دهند ممنون می‌شوم که به مسئول تهیه شیر خود توصیه کنید که شیر اضافی را تا میزان ۲۰ تا ۲۵ لیتر در روز فراهم سازد. ادامه استفاده از شیر اجتناب‌ناپذیر است. زرافه‌ای که سه سال پیش برای سلطان به قسطنطیه فرستاده شد، به سبب خودداری از شیر دادن به او به اقتضای صرفه‌جویی از میان رفت.

... در همین فرصت به خود اجازه می‌دهم که مراقبت از دو بز کوهی را که برای شاه می‌فرستم و به وزیر دربار اعلام کردم به توجه خوب شما واگذار کنم.

... به عالیجناب وزیر دربار دوباره خواهم نوشت که مستخدم سیاهپوست من عطیر را که یکی از نگهبانان برای مراقبت از حیوانات است را تا پاریس ببرد. و حتی چنانچه او را شایسته تشخیص بدهد او را کنار زرافه

نگاه دارد. مشکل بتوان این حیوان را با نگهبان اروپایی عادت داد.

***

دوست چلاق زرافه تا ژانویه سال بعد در اسکندریه ماند. پس از شش ماه توقف در مالت سفرش به انگلستان را به تعویق انداخت. زرافه مزبور در آگوست ۱۸۲۷ به لندن وارد شد و برخلاف استقبال باشکوه از زرافه در فرانسه، در کارتون‌های ضد جرج چهارم پادشاه انگلستان به صورت کاریکاتور درآمده شد. گردانیدن زیاد به زودی توانایی ایستادن را از او سلب کرد، برای نگاهداری وزن بدنش روی پاها، پایش به یکسان و آویزان بسته شد. عنوان کارتونی از شاه و معشوقه‌اش که در حال کشیدن دستگاه اختراعی بودند گرفته شده بود: «فکر می‌کنم که ناگزیر خواهیم بود که مخارج پر کردنش را هم بپردازیم ... این زرافه در آگوست ۱۸۲۹ در لندن مرد. گرچه از کارتون حذف شده بود، اما در عکس‌های جدی دور گردنش محتوی آیاتی از قرآن - حجابش از چشم بد- مانند طلسمی به گردن زرافه آویزان بود.

فصل ۸
شتر، گاو، پلنگ (زرافه)

خط سیر کشتیرانی از اسکندریه به بندرهای مدیترانه‌ای ایتالیا و فرانسه از شمال باختری به کرت و از خاور در امتداد ساحل جنوبی آن جزایر تا انتهای شمال، سپس دوباره به شمال باختری تا بندر سی‌سیل مسینا می‌گذرد. نزدیک به پایان هفته دوم خروج کشتی به سوی کوه اتنای سی‌سیل که از زیر افق خودنمایی کرده بود حرکت کرد. کشتی سفر ساده‌ای داشت و یک شب و روز پیش از ورود خود، بیرون از لنگرگاه کوچک واس که شکلش شبه جزیره سینا می‌شد رودها و رشته بلند کوه‌های آتشفشان را از فاصله ۱۲۵ مایلی می‌دید.

درست سه مایل در امتداد تنگه از سمت پایین سرزمین چکمه شکل ایتالیا به وسیله استعمارگران قدیم یونانی تأسیس شد، براساس تعریف کارتاژ، راه گریز به اسکندریه و قسطنطنیه و امپراتوری شرقی، بیزانس مرکز تاریخی آمد و شد دریای مدیترانه بود.

مسینا شهر زرافه، شهر شعر و غزل و شهر ویران شده به وسیله زمین‌لرزه‌های بزرگ در سر راه قرار داشت: بندر ورودی اروپا بود و بندر خروجی آفریقا و آسیا. کشتی‌هایی که از تمام سه قاره می‌آمدند در اینجا در جاده‌های باریک برای استراحت و گرفتن آب و تدارکات تازه توقف می‌کردند. به سبب وبا که از سده‌ی چهارم حدود یک سوم جمعیت کل جهان را نابود ساخته بود، کارکنان و مسافران کشتی‌ها می‌بایستی بر روی عرشه در قرنطینه بمانند.

در اینجا، خارج از مسینا، از عرشه کشتی بود که زرافه، حسن و عطیر نخستین مناظر، آواها و مزه‌های این جهان دیگر را تجربه کردند. دست‌فروشان در قایق‌های کوچک در لنگرگاه در رفت و آمد بوده؛ میوه، سبزی، خوراک‌های لذیذ محلی و شراب به مسافرانی عرضه می‌کردند که ناگزیر به اقامت در کشتی‌های خود بودند. سکه‌های پرداختی خریداران در خمره‌های انباشته از سرکه و دیگر ضدعفونی‌ها گردآوری می‌شد.

در مسینا هوای گرمسیری به الزام با اروپا تلاقی می‌کند. در اینجا خاکستر آتشفشان بیرون آمده از کوه اتنا زمین را بارور کرده است، درخت‌های نخل با بلوط‌ها و کاج‌های همیشه سبز درهم می‌آمیزند. در پاییز و زمستان میدان‌های عمومی و باغ‌های خصوصی سرشار از سبزی طراوت و سرزندگی‌شان را حفظ می‌کنند، در حالی که خیابان‌های اروپا مملو است از درختان عریان و بی برگ. از بندر تپه‌های سنگی چشم‌انداز برف را از دید پنهان می‌کنند. تپه‌های ناهمواری که پوشیده شده‌اند از باغ‌های زیتون و مرکبات و بوستان‌های کوچک، سفیدی برف را مجال دیدن نمی‌دهند. منظره‌ی برف زمستانی این کوه در ۱۱ هزارپایی مرتفع‌ترین و کشنده‌ترین آتشفشان فعال اروپا است. با این همه ۲۸۰۰ سال پیش یونانیان قدیم نامی به کوه

دادند که معنایش «من می‌سوزم» است. آتشفشان موصوف ۱۳۵ بار فوران کرد که تنها در یکی که بدترین فوران بود ۲۰ هزار تن را به هلاکت رسانید.

آفتاب پاییز سینا قوی و هنوز به افریقا نزدیک‌تر است تا به فرانسه و قاره‌ی اروپا؛ اما فصل باران که در افریقا به پایان رسیده است، اکنون در آنجا آغاز می‌شود. شب‌های بلند را سرد می‌سازد و سراسر اروپا را با باران شسته و درخشان می‌سازد.

رأفت تهتاوی، روشنفکر جوان عرب شش ماه پیش از زرافه از اسکندریه به پاریس سفر کرد. تهتاوی نیز از سوی محمدعلی به پاریس فرستاده شد و پنجاه تن دیگر از اعضای نخستین هیأت دانش‌پژوه نایب‌السلطنه به اروپا وی را همراهی می‌کردند. عربان بر عرشه یک کشتی فرانسوی دزدان دریایی سفر کردند که ترویت نامیده می‌شد و همسفرانشان عبارت بودند از طوطی و گربه‌ی وحشی در قفس.

تهتاوی مسینا را از کشتی که اجازه خروج از آن نداشت دیده بود و چنین توصیف می‌کند: «ما پنج روز در بندر توقف کردیم. از فاصله دور کاخ‌های مرتفع و پرستشگاه‌های رفیع و بلند آن را مشاهده کردیم. در گرگ و میش روشنایی فانوس، مشعل‌های آن را دیدم که پس از برآمدن آفتاب هنوز می‌درخشیدند. فکر می‌کنم وقتی که ما در آنجا بودیم جشنی اتفاق افتاد.» زیرا که ما صدای زنگ‌های موسیقی را می‌شنیدیم. آهنگی که به وسیله‌ی زنگوله اجرا می‌شد، بسیار هماهنگ و موزون بود.

در آن زمان، یک ماه پیش از آنکه آنها دوباره با هم به سوی زندگی‌های متفاوتشان راه‌هایی جدا از هم در پیش گیرند زرافه و رفیقش هنوز در خارطوم صدای اذان را می‌شنیدند. تهتاوی چنین ادامه داد: «احساس روحی موجود در زنگ‌های موسیقی

هنگامی که زنگ‌نواز چیره دست است و شخصی برای نخستین بار آن را می‌شنود، در ضمن بلاغت یک شاعر را می‌شود در آوای زنگ‌ها بازخواند: «او به سختی وارد شد زنگی را نواخت، از او پرسیدم «چه کسی نواختن زنگ‌ها را به غزال آموخت و از روحم پرسید: «چه ضربه‌هایی‌اند و آن ضربه‌ها چیستند که ترا به اندوه می‌رانند، این را ارزیابی کن. آیا زدن زنگ‌ها است و یا زخم جدایی؟

***

آیا اهالی مسینا درباره زرافه یعنی این جانوران گردن درازی که بدنشان در زیر عرشه خارج از عرصه دید قرار داشت چه فکر می‌کردند؟ برداشت شخصی ایتالیائی‌ها چنانچه از گزارش‌هایشان بر می‌آید، این شترگاوپلنگ؛ گردن و صورت شتر، خال‌های پلنگ، نخستین (حیوانی) نبود که در مسینا دیده شده بود. ژول سزار نخستین بار در سال ۴۶ پیش از میلاد مسیح نخستین زرافه را از مصر کلئوپاترا به اروپا آورده بود.

برای آنکه آن زرافه، بتواند جابه‌جا شدن را تحمل کند، می‌بایستی مانند زرافه ما در موقع گرفته شدن چندان کم سن و سال بوده باشد که بتوان او را برای انجام مسافرتش به دوردست‌ها رام کرد. این زرافه در رم صفوف پیروزمند سزار را همراهی می‌کرد که صدها شیر و پلنگ و یوزپلنگ و دیگر حیوانات عجیب و خطرناک در قفس، میمون‌های سبز، سگان شکاری (قدیم‌ترین نوع سگ اهلی)، طوطی‌ها و ماهی‌های نیل، فلامین‌گوها و شترمرغ؛ بردگان و عاج و زمرد و طلا و تعداد زیادی فیل که مشعل‌ها را حمل می‌کردند، را دربر می‌گرفت و

همه غنایم شگفت‌انگیز فتح افریقا بودند که تاریخ بتدریج آنها را باز می‌شناخت.

به زودی در بازی‌هایی که در جشن‌های گوناگون در میدان سزار برگزار می‌شد، او این زرافه را به هم‌میهنان خود اهدا و آنها را به تماشای منظره‌ی کشته شدن زرافه به دست شیران مهمان کرد. پلینی جوان برای تعیین شکوه افسانه‌ای بازگشت سر او را به رم، چنین گزارش کرد که در آن بازی‌های افتتاحی میدان سزار، چهارصد شیر نیز قربانی شدند. یکی از مورخین معبد رومی: «معمولاً مردم در این چیزها گزافه‌گویی و این چیزها را بزرگ می‌کنند ... اما من می‌خواهم درباره شترگاوپلنگ سخن بگویم، زیرا که در آن هنگام آن نخستین زرافه‌ای بود که ظاهر می‌شد.»

در سده‌های پس از سزار صدها زرافه برای ورزش، کشتار، چه در دامگاه‌های شکار خصوصی و غالباً در میدان‌های سیرکوس ماکسیوس و بعداً (که روز افتتاحش معروف شد) به سبب این که ماسه کف میدان با خون ۵۰۰ حیوان، بیشتر پلنگ و خرس، رنگین گشت به روم وارد کردند.

آغاز اجرای این گونه نمایش حدود سال ۲۷۵ پیش از مسیح است که لژیون‌های روحانی با ۱۴۲ فیل؛ پس از پیروزی پیروس پادشاه اپیروس به سرزمین امپراتوری روم بازمی‌گشتند. پیش از آن روم هیچ گاه فیل ندیده بود، اما این حیوان به سبب تارومار کردن سربازان رومی در تارنتوم یعنی یکی از دو نبرد که چنان ویرانگر بود که موجب رواج اصطلاح «پیروزی ویروس» شد. این پیروزی و نقش فیل‌ها به شدت ترس در دل سربازان می‌انداخت. سنای روم به تلاقی حقارتی که رم متحمل شده بود، فیلان را به مرگ در برابر همه جمعیت شهر محکوم کرد.

ترس و بی تجربه‌گی اعدام‌کنندگان که با تبر و زوبین؛ از پیلان فاصله می‌گرفتند این مراسم را به کاری طولانی تبدیل کرد.

در سده بعد، در زمان مسیحیان، این جشن‌های نفرت‌انگیز پیروزی امپراتور، به عمومی و خصوصی بار عام دادند و در میهمانی‌های می‌خواری امپراتور از مهمانان دعوت شده تا قرقاول‌های زنده را به سوی شیران او پرتاب کنند. در میهمانی‌ها سورچرانان که کله پا شده بودند، خود را با سرنوشت قرقاول‌ها یکسان می‌شمردند؛ در این معنی چنان‌که خود را در اتاقی حبس شده با یک شیر یا پلنگ یا خرس می‌دیدند، میهمانی ادامه می‌یافت. چندین محکوم خماری که حس شوخی‌گری امپراتور را درک نکرده بودند، از ترس جان دادند.

خود سزار برای برگزاری جشن بازی با حیوانات بدهی بزرگی را به دوش می‌کشید. جشنی که انتظار می‌رفت همه‌ی شهروندان در بزرگداشت آن شرکت کنند و پیروزی نظامی یا غیرنظامی را جشن بگیرند. قیصری که هم عصر مسیح بود و پس از تصلیب عیسی به امپراتوری رسید، با خوراندن محکوم به شیرهای خود، میان دادگاه و سیستم جزایی یک رابطه کم هزینه‌ای ایجاد کرد.

رومیان به عنوان اربابان سرزمین‌های جدید دورافتاده در عبتره خود به مبارزه‌ی کشنده میان حیواناتی که هرگز در طبیعت وحش با یکدیگر روبرو نمی‌شدند، افراط ورزیدند؛ اینان برای خنده و سرگرمی از هر چیزی استفاده می‌کردند. شیرها را چنان تربیت کرده بودند که مانند گربه‌های خانگی بزرگ هیکلی به دنبال خرگوش‌ها و طوطی‌هایی بدوند که بالشان چیده شده بود.

در میدانی برابر امپراتور گاه، زرافه‌ای خود را در برابر یک خرس آسیایی یا گاو جنگنده در گودال مبارزه می یافت.

گوردیان یکی از اصطبل‌دارهای امپراتور می‌گوید؛ صد زرافه را در کشتارهای عمومی سزار شمرده است. از آنچه درباره‌ی زرافه و بارآوردنش می‌دانیم، در دوران امپراتوری روم هیچ زرافه‌ای نمی‌توانست وارد قلمرو سزار شود مگر این که تربیت شده باشد و بتواند موجب سرگرمی باشد.

پس از آن که امپراتوری رم به عصر تاریکی فرو افتاد، هزار سال گذشت تا این که زرافه بعدی و آخرین زرافه در اروپا ظاهر شد. هنگامی که در ۱۴۸۶ سلطان مملوک مصر به منظور «ایجاد روابط حسنه با مسیحیان» یک زرافه‌ی ماده جوان برای لورنزو دویدسی در فلورانس فرستاد، جنگ‌های صلیبی بر علیه اسلام، دوباره به غرب وجهه بین‌المللی داده بود، لورنزوی بخشش‌گر با ارسال خرسی برای ارگ کویت‌بی در اسکندریه که در حال ساخته شدن بود هدیه او را جبران کرد. این ارک نه تنها در اسکندریه که در سراسر کرانه‌ی مدیترانه از ساختمان‌های بی‌همتا یی است که دریا را در مدخل بندر اسکندریه به کمال می‌نشست.

به روایت سنت هیلاری ، زرافه‌ی لورنزو «دست کم از نظر احساساتی با طبقات دوم اشراف شهر ارتباط می‌یافت. هر روز برای گرفتن غذا از دست بانوی بیوه فلورانس که دخترخوانده شاه شده بود، می‌رفت. این خوراک‌ها عبارت بودند از مخلوط چند نوع میوه و عمدتاً سیب و گلابی. زرافه مزبور در تصاویر نقاشی‌های روی گچ به عنوان نخستین توصیف رنسانس از یک زرافه‌ی زنده به یادماندنی شد. یکی از هفده محله شهر سیهنا در ایتالیا هنوز نام زرافه را بر خورد دارد. تیم اسب‌سواری و طراحی ابریشم کاخ امپراتوری زرافه را بیاد می‌آورد؛ هنگامی که آنها یکی از ده تیمی بوده‌اند که برای رقابت در برگزاری مسابقه

اسب‌سواری موسوم به پالیو برگزیده شدند، زرافه را مشاهده کرده‌اند.

***

در سال ۱۵۴۶ پیر بلان طبیعی‌دان و جهانگرد فرانسوی زرافه‌های گرفته شده را در مصر دید و نخستین توصیف علمی اروپایی از آنها را باز آورد: «هیچ‌گاه در این امر متصور نمی‌شود که برای فرمانروایان بزرگ، اهمیتی ندارد که با چه ستمگری موجب سرگرمی‌شان فراهم می‌شود؛ دوست دارند که جانوران سرزمینی بیگانه به آنان هدیه شود. ما چند تا از این حیوانات را در باغ سلطنتی قاهره دیدیم، جایی که حیوانات بسیاری از سرزمین‌های دور و نزدیک آورده شده بودند. در میان این جانوران حیوانی است که به طور عموم آن را زرافه می‌نامند. این حیوانات که در قدیم لاتین‌ها آن را Camelopardalis به معنای زرافه، می‌نامیدند (زرافه از صورت‌های فلکی است. این پیکر آسمانی تنها از دو ستاره پر نور تشکیل شده و نخستین بار در سده ۱۷ میلادی نام‌گذاری شد) زرافه جانوری بسیار زیبا بود دارای مطبوع‌ترین طبیعت ممکن ... و مهربان‌تر از دیگر حیوانات وحشی است.» این ابتدایی‌ترین شکل چاپی واژه‌ی عربی زرافه که پیر بلان به اشتباه آن را «زرافا» نوشته است، توسط اسپانیایی‌های مسلمان و ایتالیایی‌ها و فرانسوی‌ها به صورت زرافه درآمد.

فصل ۹
در امتداد شهر خواب‌آلود مارسی

روز دهم اکبتر سال ۱۸۲۶ وزیر امور خارجه در پاریس به نماینده‌ی خود در مارسی چنین نوشت: »جناب! اگر دوباره مرسوله دیگری با همان خصوصیت (شیر ارسالی پادشاه مراکش به امپراتور) مستقیماً نزد شما فرستاده شود، شما فوراً آن را به مقام عالی اداری بسپارید: دفتر کار من به پرداخت هزینه‌هایی که در خارج از کشور انجام می‌شود، ادامه خواهد داد؛ پرداخت مخارج مربوط به داخل خاک فرانسه به عهده‌ی وزیر کشور است و بنابراین نگران هزینه‌های آن نباشید.

این امریه وزیر هنگامی از پاریس فرستاده و در مارسی دریافت شد که زرافه بر روی دریا بود. دستور مزبور مشخصاً به زرافه‌ی شاه اشاره نمی‌کند؛ اما داماس به عنوان مافوق دورتی به

خوبی از این موضوع آگاه بود که زرافه مزبور با هزینه زیاد از مصر فرستاده شده است.

پس از افریقا و بخش‌های گم‌شده‌ی معمای سفر زرافه به پایین نیل، آرشیوهای مارسی، لیون و پاریس در نامه‌ها، صوتحساب‌ها و روزنامه‌های شگفت‌انگیز عصر، یادش را زنده نگاه می‌دارند. این یک فاش‌سازی حیرت‌انگیز است. مثل این که چیزی از میان برگ‌های اقاقیا به سوی بیرون حرکت کند و حیات واقعی داشته باشد. و یا بیرون آمدن او، انسان‌های داستان او، چهره‌های جالب توجهی که جر و بحث‌های رسمی و دلواپسی‌های متقابل آنان برای زرافه با شرح جزئیات ثبت شده است.

در سده‌ی پیشین فقط در ظرف دو سال، طاعون پنجاه هزار تن از ۹۰ هزار ساکنان مارسی را کشته بود. این بیماری همه‌گیر چنان سریع و تاراجگرانه بود که مارسی به «شهر مرده» معروف شد. در نتیجه، بندر مزبور به صورت یک قرنطینه شدید درآمد، در زمان زرافه برای رویارویی با تب زرد که از امریکای جنوبی تا اسپانیا گسترش یافته بود وضعیت قرنطینه گسترش یافت. کشتی‌ها می‌بایستی میان جزایر رومپه و راتونو در فاصله سه مایلی خسکی لنگر می‌انداختند.

قرطنیه‌ی جدید به افتخار نوه‌ی شارل دهم، "خداداده" نام‌گذاری شد. علت این نام‌گذاری بر آن شاهزاده این بود که شخص مزبور هفت ماه پس از قتل پدرش دوک چشم به جهان گشوده بود. مسافران به هنگام ورود بدانجا در مرکز بهداشتی مارسی نگاهداشته می شدند و یا از آنجا به قرنطینه اصلی که در خارج شهر قرار داشت منتقل می‌گشتند.

در ماه می ۱۸۲۶، شش ماه پیش از ورود زرافه به مارسی، هیأت بزرگ رسمی شامل ۵۴ مسافر ترک که از میان آنها چهل

تن جوان عازم پاریس برای ادامه تحصیل بودند، همه گربه
وحشی و طوطی یمنی را در کشتی رها ساخته، هفده روز
قرنطینه خود را در قرنطینه لارارتو واقع در خارج از شهر آغاز
کردند.

تهتاوی قرنطیه‌ی مارسی را «پهناور» توصیف می‌کند و
می‌نویسد:

«محوطه مزبور مشتمل است بر کاخ، باغ‌ها و
ساختمان‌های محکم و استوار. در آنجا بود که از
خصوصیات عمارات این کشور آگاه شدیم.
ساختمان‌های مزبور به دقت ساخته شده بودند با
باغچه‌های گل و حوض‌های بسیار، چشم‌انداز زیبایی را
می‌ساختند. در نخستین روز اقامت بی آنکه ما متوجه
باشیم، چیزهایی برای ما اتفاق افتاد که قسمت عمده
آن عجیب بودند. مثلاً چندین مستخدم فرانسوی برای
ما آورده شدند که زبانشان را نمی‌فهمیدیم و حدود
یکصد صندلی برای نشستن ما فراهم آوردند. زیرا که
ساکنان این کشور از نشستن انسان بر روی زمین
حیرت می‌کنند. سپس برای غذا مستخدمان صندلی‌ها
را در اطراف میز چیدند: بعد از آن غذا سرو می‌شود، در
بشقاب هر کس چیزی گذاشته می‌شود که او باید
نخست با کاردی که در برابر اوست ببرد و آن را با
چنگال برداشته و به طرف دهان خود ببرد. زیرا که
هرگز کسی با انگشت‌ها غذا نمی‌خورد و هرگز چنگال،
کارد یا لیوان دیگری را مورد استفاده قرار نمی‌دهد. به
ادعای ایشان این کار سالم‌تر و مؤدبانه‌تر است.»

اما حیوانات و نگهبانان آنها به هنگام تبادل مکاتبات در مورد
تعیین این که چه کسی مسئول پرداخت مخارج حیوانات و

نگهبانان آنها در هنگام اقامت در قرنطینه است، در عرشه کشتی باقی می‌ماندند. و اکنون که وزیر داخله به طور قاطع پرداخت هر گونه هزینه‌ای برای نگهداری زرافه و نگهبان‌هایش، حتا زرافه و حیواناتی که به پادشاه هدیه شده بود را نپذیرفته است، زرافه و همراهانش وادار شدند که تا تسویه‌ی کارها در انتظار بمانند. مقامات گمرک، در اطلاعیه‌های رسمی با نثری شیوا و سلیس که مخصوص اشراف بود، هزینه‌های سنگین نگهداری حیوانات را به فرمانده مارسی گوشزد می‌کردند. اینان از بهای روزانه ۱۰ کیلو گوشت مصرفی گربه وحشی به مدت دو ماه به ستوه آمدند که از ماه جون باغ وحش پرداخت نکرده بود.

هویت مبهم این «گربه وحشی» اشاره‌ای کوتاه است بر این که حیوانات تا چه پایه برای اروپاییان تازه بود. این حیوان که هدیه‌ای از نایب‌السلطنه مصر بود، «پلنگ افریقایی» نیز خوانده می‌شد. و این «شیر امپراتور مراکش» متعلق به وزیر خارجه بود. حتی سنت هیلاری و دیگر جانورشناسان که در پاریس در انتظار زرافه بودند، می‌بایستی در مورد دستور تغذیه وی به فرمانده، به حدس و گمان متوسل می‌شدند: "اگر حیوان بزرگتر از یک گربه‌ی خانگی نباشد، روزانه نیم کیلو گوشت برای او بسنده خواهد کرد. چنانچه به اندازه یک روباه باشد، یک کیلو هم مجاز است؛ در صورتی که بقدر یک گرگ باشد، نباید از یک و نیم تا دو کیلو تجاوز کند."

***

کشتی پس از ۲۵ روز سفر بر روی دریا در روز دوشنبه ۲۳ اکتبر ۱۸۲۶ به مارسی وارد شد. اما تمام هشت «مستخدم بهداشت عمومی» نامه خود به فرمانده مارسی را در روز جمعه ۲۷ اکتبر امضاء کردند: «افتخار داریم به آگاهی برسانیم که کاپیتان از اسکندریه آمد، یک زرافه و حیوانات گوناگون دیگری

برای باغ سلطنتی بر عرشه کشتی هستند. نظر به این که آنها می‌بایستی بی‌درنگ برای قرنطینه پیاده شوند، و با ملاحظه این که اقامت موقت آنها در این سازمان مستلزم صرف هزینه‌ی تغذیه و دیگر مخارجی خواهد بود که نماینده محلی وزیر امور خارجه به هیچ وجه متصدی پرداخت آنها نیست، از شما خواهش می‌کنیم که به ما اجازه دهید این مخارج را بپردازیم، چنانکه در موارد مشابه پرداختیم.

اما فرمانده توسط نمایندگی وزارت امور خارجه از ورود زرافه آگاه شده بود. او شگفت‌زده بود که چگونه وزیر خارجه با ضمیمه کردن و ارسال رونوشت نامه دروتی درباره‌ی «ملاحظات» حیاتی برای زنده ماندن زرافه، از زیر بار تعهد شانه خالی کرده بود.

کنت وینو بارژمو، نخستین قهرمان بزرگ زندگی زرافه در فرانسه- که چنان بدان وابسته شده بود که در هنگام صحبت با سنت هیلاری درباره او، وی را «دخترخوانده» نامید به هنگام پاسخگویی به کارکنان اداره‌ی بهداشت عمومی به خاطرنشان کردن پول تمکین نکرد. علاقمندی دروتی فرمان‌های فرمانده شد که با این عبارت خاتمه می‌یافت. «تقاضا دارم در صورت بروز کوچکترین حادثه‌ای در مورد این حیوانات، مرا آگاه سازید» یک مهتر و یک مستخدم سیاه جنرال کنسول فرانسه استخدام شده‌اند. این نکته در خور اهمیت است که آنها به مراقبت از حیوانات مزبور ادامه دهند.

***

با آمدن پاییز و سرد شدن هوا و وزیدن بادهای مداوم، شرایط جزایر گچی مراکز بهداشتی از خشک و بی‌رمقی به

اندوه‌زدگی تغییر می‌کنند. آخرین گل‌های وحشی و رد پای تابستان به تدریج ناپدید می‌شوند. خوشه‌های کوتاه از رشد باز مانده‌ی رُزماری و اکلیل کوهی به صخره‌های دندانه‌دار و سراشیبی شنی کوه‌ها چسبیده می‌مانند. دسته‌های پرندگان دریایی روی خطوط هاشورزده مانند صخره‌ها می‌ایستند. در این خطوط هاشورزده برگ‌های ریز و تیز در امتداد دیواره‌ی صخره‌ها می‌روید؛ شکل این برگ‌های ریز و تیز به گونه‌ای است که اگر پا بر صخره بگذاری مانند خاریست که در قوزک پا فرو می‌رود. مرغان دریایی چنان سینه ستبر می‌کنند که حالت ایستادنشان به تهدید می‌ماند. اما چنانچه به آن‌ها نزدیک شوی، باز پس می‌نشینند، بی‌آنکه میل به پرواز داشته باشند.

باریک‌ترین جزء این مجمع‌الجزایر که ایف نام دارد محل یکی از معروف‌ترین زندان‌های درون و بیرون داستان است. سیصد سال پیش از آنکه زرافه حسن و عطیر تشریفات اداری خود را در نزدیک آن بگذرانند، در ایف پاسگاه استحکامات برای دفاع از مارسی توسط فرانسیس اول ساخته شد. شاه جوان در ۱۵۱۶ در راه بازگشت به مراکش از فتح سرزمین میلان، جزیره‌ی مزبور را دیده بود. مارسی به افتخار او یک جنگ ساختگی دریایی راه انداخت که در آن کشتی‌های جنگی پرتقال شلیک می‌کردند. پائول دی‌لاله جشن‌ها را چنین توصیف می‌کند: «شاه به بیرون برده شد و در مبارزه‌ای شرکت جست که مانند همه جنگ‌ها برای او یک مهمانی بود. او با پرتاب پرتقال‌های رسیده و دریافت پرتقال‌ها، چنان می‌خندید که زمین را می‌لرزاند. او با لکه‌های طلایی که بر روی نیم تنه ابریشمی‌اش می‌نشست، چنین می‌پنداشت که با گل‌های رُز او را گل‌باران می‌کنند و به همین خاطر می‌خندید.

هنگامی که فرانسیس اول در مارسی بود، یک کشتی با
محموله‌ای از کرگدن‌های هندی هدیه پادشاه پرتغال به پاپ که
آهنگ شهر روم را داشت، در بیرون جزایر لنگر انداخته بود. این
کشتی دو سال پیش از جزیزه گوا که مستعمره‌ی پرتغال در
ساحل خاوری هند بود، سفرش را شروع کرده بود. این نخستین
کرگدنی بود که هزار سال پس از بازی‌های رومیان در اروپا دیده
می‌شد. یک هنرمند پرتغالی یک تابلو از این حیوان را برای
دوستی در آلمان فرستاد که او هم زمانی دیگر تابلو را به دورر
آلبرشت نشان داد. اکنون نقاشی دست دوم او از آن جانور در
موزه بریتانیا است. در لیسبون پادشاه پرتغال کوشید برای
مبارزه، کرگدن را در مقابل یک فیل قرار دهد. — هر دو حیوان،
مانند زرافه، به منظور تربیت‌پذیری و رام شدن در خردسالی
گرفته شده بودند- اما فیل از مشاهده کرگدن وحشت کرده با
شکستن دروازه میدان پا به فرار گذاشت.

در مارسی برای ارضای حس کنجکاوی فرانسیس اول،
کرگدن را از کشتی تخلیه کردند - به موجب افسانه‌ها، در جزایر
ایف که پادشاه بعداً قلعه‌ای با دیوارهای ضخیم ساخت و سپس
تبدیل به زندان شد، کشتی حامل کرگدن در هنگام سفر به
سوی ایتالیا در اثر طوفان در خلیج ژنو فرو رفت و حیوان
تیره‌بخت هم‌چنان فرورفته باقی ماند تا لاشه‌اش در کرانه‌های
دوردست به ساحل انداخته شد. پس از یافته شدن جسد
کرگدن، پوست آن را خالی و سپس با کاه انباشته کردند و بعد
سفرش به سوی واتیکان ادامه یافت.

علاوه بر کنت مونت کریستو قدیمی‌ترین زندانی دژ ایف
جسد ژنرال ژان باتیست کلبر که هنگام ترک ارتش ناپلئون در
مصر فرماندهی نیروهای فرانسه را به عهده داشت، که بعدها در
دریا کشف شد. آمده است؛ پس از آن که در سال ۱۸۰۰ کلبر

در قاهره به قتل رسید، جسدش به مدت یک سال برای بازگردانده شدن به فرانسه به همراه سپاهیان، در انتظار ماند. در همان هنگامی که در مارسی بقایای جسد قاتل او به موزه‌ی تاریخ طبیعی فرانسه منتقل می‌شد، در مارسی تابوت کلبر برای انتقال به موطنش استراسبورک از محل خود بیرون آورده شد. اما به سبب خصومت میان جنرال و ناپلئون (که از طرف ناپلئون تشدید می‌شد) به سبب این حقیقت که جنرال کلبر بسیار بلند بالاتر بود، تابوتش در دژ ایف نگاه داشته و برای مدت هفده سال فراموش گشت.

٭٭٭

سه‌شنبه ۳۱ اکتبر سال ۱۸۲۶ روزی است که زرافه به خاک فرانسه گام نهاد. ماهیگیران اجیر و قایق‌های‌شان به کار گرفته شد. زرافه و دو بز کوهی و سه گاو شیرده و دو اسب ژنرال بویر یکی یکی از کشتی به قرنطینه واقع در بیرون مارسی انتقال یافتند. لیست هزینه‌ها شامل عملیات کرایه‌ی قایق برای دو روز، بهای سوزن، نخ، نوار اندازه‌گیری (متر)، و چهل و هشت متر پارچه نشان‌گذاری شده برای ساختن پتو؛ یکی برای زرافه و دو تا برای بزها، می‌شود.

دیگر صورتحساب‌ها نشان می‌دهند که برعکس قرنطینه‌ی شیک تهتاوی، به حسن و عطیر یک شمع، روغن چراغ و هیزم و پانزده روز غذا داده شد. یکی از گاوهای شیرده در طول سفر بی‌شیر شده بود و بنابراین به تقاضای مؤکد دروتی برای تأمین نیاز روزانه زرافه ترتیب تهیه شیر اضافی داده شد. علف تهیه و کاه گسترده شد. یک بنا و کارگرش دیوارها را گچکاری کردند. گروه گارد گماشته شد.

در این اثنا فرمانده ابتکار به خرج داده، حتی پیش از ارزیابی وزیر امور داخله در پاریس، دستور داد تا بی‌درنگ در خشکی

آخوری برای حیوانات ساخته شود. وی در نامه بلند و مفصل خود به وزیر تقاضاکرد: »دستورالعمل آموزشی هر چه زودتر آمده شود.« وی همچنین درخواست می‌کند که به باغ وحش پاریس یادآوری شود که هنوز بدهی‌اش بابت گربه وحشی پرداخت نشده است. او در پایان نیازهای مالی خود را بصورت زیر فهرست می‌کند که نمونه شوق وجدان آگاه انسان است.

می‌توانید کارکنان بخش اداری باغ وحش را در مورد توجه ویژه‌ای که من به نگاهداری حیوان پر ارزش نشان می‌دهم، مطمئن سازید. من هم‌اکنون از مرغزاری که بسیار سبز است و در نیمه روز هم حتا قابل مصرف است، بسیار راضی هستم. اینجا در حال ساختن یک کپر تخته‌ای و سیمی هستم که با پوشاندنش با کاه در برابر شدت سرمای فصل، گرم خواهد شد. این ساختمان مستلزم صرف هزینه‌هایی است که برای حیوان و گاوهایی که آن را تغذیه می‌کنند ضرورت دارد. در ضمن باید مایجتاج نگهبانان از جمله غذای روزانه هم تأمین شود. بنابراین اقدامات مختلف اولیه باید انجام شود ... البته با صرفه‌جویی ممکن ... برای این کار اجازه دهید سرمایه لازم در اختیار داشته باشم.

وی در زیرنویس دومی می‌افزاید: "برادرزاده‌ی آقای دروتی هم‌اکنون اطلاع دارد که تجهیزات قرنطینه به خوبی برای نگهداری حیوانات مناسب است"

دهم نوامبر فرمانده اخطاریه دست خط یکی از کارکنان اداره بهداشت عمومی را دریافت کرد که به زیور این سخنان آراسته بود:

»از آنجا که نظر جنابعالی را می‌دانم، لازم است به عرض برسانم که روز حرکت زرافه و حیوانات دیگر و همراهان‌اش، از

قرنطینه به سوی استبل پادشاهی، شنبه یازدهم همین ماه تعیین شده است. اما هنوز «آشیانه مناسب» آماده نشده است.بنابراین زرافه و دیگر حیوانات می‌بایستی پتوهای خود را پوشیده تا سه شنبه بعدی در قرنطینه منتظر بمانند. تا آن هنگام اندازه‌ی آشیانه و بزرگی سقف و درهای آن موجب بروز شایعه در مورد حیوانی عظیم‌الجثه و خطرناک شده که قرار بود به زودی وارد شهر شود. برای جلوگیری از ترس زرافه از انبوه غیرقابل اجتناب مردم، فرمانده دستور داد که گاوهای شیرده و بزها بدون او همان روز از قرنطینه انتقال یابند. روز ۱۴ نوامبر ۱۸۲۶ حیوانات مزبور (گاوهای بیگانه با شکلی عجیب و غریب از میان خیابان‌ها هدایت شدند و هنگامی که جمعیت به دنبال آنها راه افتاد، بز بیمار به نمایش خشم‌آلودی دست زد. اجتماع پایان یافت و جمعیت پذیرایی شده و آسوده خاطر متفرق گشت. تاریکی زودگاه پاییز در ساعت ۵ بر زمین سایه گسترد.

در اواخر آن شب، بین ساعت ۱۰ تا ۱۱، زرافه به اتفاق حسن و عطیر و یک اسکورت سواره که سابقه نداشت و بی همتا بود و به احتمال از ژاندارم‌های عربی تشکیل یافته بود قرنطینه را پشت سر نهاد. اسبان از زرافه می‌ترسیدند اما او هنگامی که حسن و عطیر او را «در شهر خواب‌آلود مارسی» هدایت می‌کردند به آرامی پشت سر یکی از آنها راه می پیمود.

چراغ‌های خیابان در بالای سر و قلوه‌سنگ‌های طنین‌انداز در زیر پا، برایش تازگی داشتند. در معبر باریکی که اسب جلویی از نظرش پنهان شد، او ناگهان ایستاد و تا وقتی که آن دوباره ظاهر نشد، به هیچ سویی حرکت نکرد. آقای سلز یکی از اعضاء آکادمی علمی مارسی رویداد مزبور را بدینگونه توصیف می‌کند:

«به مجردی که زرافه دوباره اسبی را دید که از نظرش پنهان شده بود، آرام گشت و به فاصله بسیار

نزدیکی از آن اسب به دنبالش راه افتاد، اما اسب ناراحت بود، سوارش برای نگاه داشتن او دچار اشکال بود و نمی‌توانست قبول کند که زرافه هر از چندی کفشش را بو کند. زرافه می‌بایستی از چند خیابان عمومی بگذرد و پیوسته می‌کوشید که خود را بدون در نظر داشتن اسبی که برای راهنمایی خود برگزیده بود به شاخه‌های درختانی که نزدیک گذرها بودند برساند. با این وجود، او با اطمینان مسیر رسیدن به اصطبل مقصدش اسب را تعقیب می‌کرد.

می‌توان گفت که زرافه از نظر شکل ظاهری هیچ چیز ظریف و دلپذیری ندارد؛ بدن کوتاهش، پاهای بلند و نزدیک به یکدیگرش، درازی اندام و گردنش، شیب پشتش، گردن ناخوشایندش، و دم دراز و لختش، همه و همه به شیوه‌ی انزجارآوری با یکدیگر در تضادند؛ او موجودی بد ساخته شده می‌نماید که بر روی پایش نامتعادل است، و با وجود این دیدارش شخص را به شگفتی می‌اندازد و او را زیبا می‌نمایاند بی‌آنکه علتش معلوم باشد.

فصل ۱۰
شب زرافه

نزدیک به ۳۵۰ سالی می‌شد که اروپا زرافه زنده‌ای را ندیده بود. پیش از آن موزه‌ی ملی تاریخ طبیعی در پاریس پوست یک زرافه را دریافت داشته بود، که با پیچیده شدن در نمک چنان ضایع و خراب شده بود که دانش‌پژوهان نمی‌دانستند چگونه می‌توان آن نمونه را سرهم کرد. در دورانی که کنجکاوی لازمه‌ی آن است و هر چیز تازه‌ای تعجب‌برانگیز بود و اروپای بعد از ناپلئون خود را به شگفتی پس از شگفتی سرگرم می‌کرد. زرافه یک هیجان عمده بود.

او در مقر زمستانی جای داده شده بود. که مخصوص او ساخته بودند. زرافه مهمان عزیز فرمانده و همسرش بود (که طوطی و گربه‌ی وحشی همراهش هدیه‌ای از سوی معاون کنسول دروتی در قاهره برای آنان بود.) دو بز کوهی «بلند بالا» نیز در اینجا در قسمت سبز و آفتابی جای داده شدند که خود فرمانده در ملک خویش برای آندو برگزیده بود. و نیز چنین بودند گاوان شیرده که اکنون شمارشان به چهار می‌رسید، زیرا

که یکی از گاوان مصری بی شیر شده بود. دیواره‌ای زرافه را از دو اسب ستبر و تنومند جدا می‌کرد. طبق توصیه دروتی که با بخاری و لوله بخاری موافق نبود، اصطبل به وسیله دو پنجره و یک در بزرگ شیشه‌ای به خوبی روشن می‌شد تنها چیزی که برای گرم کردن آن لازم به نظر می‌رسید، گرمای به هم پیوسته بدن حیوانات بود.

یک گاوچران کار شیر گرفتن را انجام می‌داد. برای گاوان گردن‌بند و افسار فراهم کرده بودند بگونه‌ای که می‌توانستند آنها را در زمین فرماندهی ببندند و بعدها وقتی که هوا گرم شد، آنها را پیشاپیش زرافه به حومه شهر راه بردند. زرافه نیز یک گردبند تازه و دو طناب هدایت‌کننده‌ی بزرگ داشت که حسن و عطیر می‌توانستند با آنها بر گردنشان نظارت داشته باشند؛ زرافه تا موقع زندگی تنهایش با عطیر در پاریس به وسیله سیستمی مرکب از دست کم چهار و حداکثر شش مراقب راه برده می‌شود.

حسن و عطیر، «دو مصری» زمستان را با حیوانات در اصطبل به سر بردند. فرمانده دستور داده بود که لوازم آن دو همراه علف، کاه، و غلات باقیمانده پس از پانزده روز در قرنطینه، از آنجا انتقال داده شود. و به طور خلاصه برای دو عرب گمنام دیگر که هرگز در سوابق قرنطینه نامی از آنان برده نشده و تنها بعداً در رفرانس‌های پراکنده «دو تن از چهارتنی» معرفی شده‌اند که «همراه حیوانات بودند» و به زودی «به کشور خود بازگشتند.» از پادگان محلی تقاضای تختخواب نظامی و لوازم خواب شده بود. به مردان دو لامپ و روغن چراغ داده شده بود.

حسن و عطیر به هنگام اقامت در مارسی لوازم روزانه‌ای دریافت می‌داشتند که عبارت بودند از غذای آنها که

صورتحساب ۴۶/۵۰ فرانک بود. همچنین در پاریس و مارسی به آنها حقوق ماهانه داده می‌شد- «به راهنمای عرب ۳۰ فرانک؛ به معاون سیاهپوستش ۲۰ فرانک» به گاوچران همان حقوق حسن داده می‌شد.

آقای سلز و همکاران علمیش در آکادمی مارسی بی‌درنگ کار مطالعه درباره «زرافه جوان» را از سر گرفتند. برادرزاده دروتی در مصاحبه آنان با حسن و عطیر به عنوان مترجم خدمت می‌کرد. فرمانده صورتحساب‌های نهایی نگاهداری زرافه و همراهانش در قرنطینه با یک نامه ضمیمه دریافت داشت. نامه مزبور چنین پایان می‌یافت: «در این فرصت اجازه می‌خواهم یادآور شویم که هنوز مخارج ایجاد شده توسط ... گربه وحشی به ما پرداخت نشده است.»

فرمانده ۴ روز پس از عهده دار شدن سرپرستی زرافه به وزیر داخله در پاریس چنین گزارش داد:

زرافه زیباترین است و در قرنطینه برای بازیافتن شادابی اصلیش که سفر در امتداد دریا تا حدودی آن را کاهش داده بود رفتار خوبی داشت. اکنون زرافه ماده بسیار زیبایی است. بلندای قامتش تا نوک سر یازده و یک چهارم پا است. پرزحمت‌ترین اقدامات برای نگهداری و محافظت او انجام می‌گرفت که من می‌توانم به طور شخصی هر لحظه بر آنها نظارت کنم. در ضمن توانستم برای تأمین هزینه‌های گزاف اسکان او و دیگر حیوانات در جای دیگر صرفه‌جویی کنم.

در گزارش‌های روزگار زرافه او را «مصری زیبا»، «افریقایی زیبا»، «فرزند مناطق حاره» می‌نامیدند. و سراسر مارسی مشتاق دیدارش بود. در آغاز فرمانده دسترسی به زرافه را محدود کرد. در حالی این محدودیت در نظر گرفته شده بود که آقای سلز و

دانش‌پژوهان مشاهدات‌شان را بدینگونه نوشته بودند: «او بیرون رفتن از اصطبل خود را بسیار دوست دارد، و در روزهایی که به خاطر خرابی هوا در باغ فرماندهی راه برده می‌شود، غالباً مانند یک اسب جوان به جست و خیز برمی‌خیزد ... گاهی می‌خواهد یورتمه برود در این گونه موارد چهار عربی که مهارش را نگاه داشته‌اند با خود می‌کشد و ما شاهد بوده‌ایم که در هنگام شادی و سر حالی پنج مرد نیرومند را با خود می‌کشد.»

در ۲۸ نوامبر ۱۸۲۶ «استادان- مدیران» موزه ملی، تاریخ طبیعی، پاریس که دانشگاه سلطنتی بخشی از آن بود، در سپاسگزاری به حرارت و علاقه‌ای به فرمانده چنین نوشت:

«حیواناتی که پاشای مصر برای شاه می‌فرستد یکی از بهترین هدیه‌هایی است که ما می‌توانیم شاه را شاد و خرسند کنیم. زیرا تاکنون هرگز زرافه‌ی زنده‌ای وارد فرانسه نشده است، و برای هجده سده اروپای متمدن یکی را به چشم ندیده است. نویسندگان این نامه برخلاف همکار خود آقای سنت هیلاری، نمی‌دانستند که در سده‌ی پانزدهم زرافه به فلورانس فرستاده شد. ما از چگونگی این حیوان ارزشمند هیچ گونه اطلاعی نداریم؛ ما نمی‌دانیم که آیا این حیوان کودک است یا بزرگسال، بزرگ است یا کوچک، یا در نهایت سلامت و شاداب یا وحشی و اهلی، و غیره و غیره. از شما استدعا داریم که دستور دهید در این موارد توضیحاتی برای ما نوشته شود؛ و چنانچه بیم آن می‌رود که زرافه آسیب ببیند دستور دهید یک نقاشی رنگی از او کشیده شود که اعضا و اندام و اشکال سرش از جلو و از نیم‌رخ به ما نشان داده شود و چنانچه این بدشانسی را داشته باشیم

که زرافه پیش از ورودش به اینجا نابود شود، اسکلت و پوست او غرامت کوچکی برای ما خواهد بود.

در جنوب فرانسه زمستان به گونه‌ای غیرعادی سخت بود. دو بز کوهی در بستر خود رنج می‌کشیدند، بز نر حتی نسبت به بز ماده ستیزه‌جو و خطرناک بود؛ بز ماده چاق شده بود.

اما زرافه رشد کرد چند روز پیش از کریسمس آقای سلز گزارش شانزده صفحه‌ای خود زیر عنوان «ملاحظاتی درباره‌ی زرافه» را تکمیل کرد. او در این نوشته گزارش داد که زرافه سالم، شاد، سرزنده و مطلقاً آرام بود.

این حیوان مشربی بسیار آرام و نجیب دارد و هرگز دیده نشده است که جزئی‌ترین خشم و شرارتی از خود نشان دهد. او عربی را که معمولاً تغذیه‌اش می‌کند می‌شناسد اما علاقه غیر معمولی نسبت به او ندارد. او اجازه می‌دهد که همه کسانی که برای دیدارش می‌آیند به او نزدیک شوند؛ دوست ندارد لمس شود، و تنها هنگامی که از چیزی می‌ترسد یا خیلی مزاحمش می‌شوند با لگدپرانی با دست یا پا، از خود دفاع می‌کند. او هرگز نمی‌کوشد که با سر یا شاخ‌هایش ضربه بزند؛ برعکس به هنگام ترس یا مزاحمت سر خود را بالا می‌گیرد. او غالباً صورت، دستان و سرهای مراقب‌هایش را می‌لیسد. گاهی غریبه‌ها را لیس می‌زند و کسانی را که به او نزدیک می‌شوند، بو می‌کشد. به نظر می‌رسد که از سروصدا می‌ترسد و بدان توجه دارد اما از حضور عده‌ی زیادی که به او بسیار نزدیک می‌شوند، بیمناک نیست ولی در مورد نوشیدن شیر در برابر غریبه‌ها خجالتی بود.

امتزاج متضاد زرافه سبب شد که آقای سلز از نوع ضد و
نقیض جانورشناسی در شگفتی بماند، او نمی‌دانست که آیا زرافه
و هم‌نوعش صرفاً یک دمدمی مزاجی فوق العاده ضعیف است یا
نه؟ علاقه زرافه نسبت به انسان اسرارآمیزی او را دو چندان
کرد. علاقه او بر دیگر حیوانات - اسبان از او هراسان بودند؛
گاوان شیردهی که در همه جا آنها را تعقیب می‌کرد نسبت به او
بی تفاوت بودند- گویای ناگواری، تلخی، تندی و زنندگی جلای
وطن او بود.

در آن موقع فرمانده و همسرش پذیرایی از مهمانی‌های
ویژه‌ای که برای شام دست‌چین شده بودند را آغاز کرده بودند.
— شب‌های زرافه - آغاز شده بود و بخش برجسته‌اش لحظه‌ای
می‌بود که مهمانان عالیقدرشان در باد و باران و علیرغم سرما و
باران با فانوس از میان باغ‌ها برای تماشای زرافه به سوی
اصطبل می‌شتافتند.

تصور کنید دورنمای جهان در رنگ‌های غیر متجانس را که
در آن روشنایی سایه‌ای با یکدیگر برخورد می‌کنند. مسافران
عالیمقام و بورژواهای نوکیسه‌ی بومی و اشرافی که
خانواده‌هاشان کم و بیش انقلابات ناپلئونی را تاب آورده بودند،
بانوانی که در لباس‌های ابریشمین و در کرجی معطر
زیورهایشان را نشان می‌دادند، همه توجه خاصی به زرافه زیبا و
چموش و اطرافیانش؛ گاوان شیرده و عربان او، حسن بدوین،
عطیر سیاهپوست در قبا و دستار داشتند.

در حالی که اروپاییان از زرافه در شگفت بودند، مسلمانان را
زنان بی‌حجاب به شگفتی وا می‌داشتند. تهتاوی نمی‌توانست
آنچه را می بیند باور کند و از بی‌حیایی زنان مارسی: «زنان این
کشور عادت دارند که چهره، سر، سینه و آنچه را که در زیر آن
است، گردن و بازوهای خود تا شانه‌ها را عریان سازند. از نظر

اصولی خرید در حیطه‌ی اقتدار زنان است، اما مردان کار می کنند و کسب درآمد می‌نمایند. بنابراین مغازه‌ها، کافه‌ها و آنچه در نیمروز آنها را جان می‌داد، منظره‌ی جالب توجهی را به ما عرضه می‌کردند.

تحت تأثیر اثر فوق‌العاده زرافه بود که همچون مردی شیفته یک زن از مشاهدات علمی خود «در مورد زرافه» چنین نتیجه می‌گیرد: «در واقع قابل توجه است که شخص پس از تماشا و برسی دقیق او، هنوز فقط خاطره نامطمئنی از اشکال و رفتار را در یاد نگاه می‌دارد؛ به باور من این موضوع است که موجب می‌شود مردم به طور سنتی دوست دارند غالباً او را ببینند و در هرجا موجب بروز مشاهدات تازه‌ای می‌شود.»

آقای سلز در یک زیرنویس و پی‌نوشت بعدی اضافه کرد که در سی و پنج روزی که از ترک قرنطینه می‌گذرد، زرافه یک اینچ و نیم بلندتر شده است.

***

پج روز پس از آغاز سال نو ۱۸۲۷ فرمانده گزارش داد که «زرافه از رضایتبخش‌ترین شرایط برخوردار است.» به هنگام ارسال نخستین صورتحساب هزینه‌ها به پروفسورها- مدیران موزه‌ی ملی تاریخ طبیعی، با توجه به این که وی دیوانسالاری دانا و زیرک بود، مشاهدات مفصل و نقاشی‌هایی را که با اشتباهات فراوان انجام گرفته بود، در گزارش خود آورده بود.

فرماندار با مطرح کردن موضوع آینده «انتقال حیوانات» به پاریس بر خلاف سفر طولانی بر روی اقیانوس اطلس از طریق جبل‌الطارق و اطراف اسپانیا تا بندر شمالی لوهاور، اظهار نظر کرد؛ خاطرجمع از این که این سفر در مقایسه با سفر شادی که

زرافه از اسکندریه داشت، بسیار مخاطره‌انگیز خواهد بود. فکر هم نمی‌کرد که زرافه بتواند از راه زمین به سوی شمال سفر کند، نه‌تنها از آن روی که چنین سفری زرافه را ضعیف می‌کند بلکه همچنین به سبب این که سوانح و موانع بسیار زیادی که در اثر رویارویی وی با عبور و مرور وسائط نقلیه بر روی جاده و جماعات کنجکاو به وجود می‌آید، توصیه او این بود که حیوانات با قایق از روی رود رون عبور داده شوند.

مدیران موزه ملی تاریخ طبیعی در پاسخ خود راجع به پیشنهادهای فرمانده بحثی به میان نیاوردند، اما فریفته اثر آن بر وزیر داخله شدند که آنان زیر نفوذ وی عمل می‌کردند: «این یاداشت پر است از تفصیلات شگفت‌انگیز، مفاهیم زیرکانه و ملاحظات تازه‌ای که به نظر ما ارزش جلب توجه وزیر را دارند، ما همچنین مشتاق بودیم نقاشی ضمیمه را به او نشان دهیم که تناسب‌های منحصر به فرد آن حیوان را برای شخص مجسم می‌سازد. از شما استدعا می‌کنیم که قدردانی ویژه ما را برای این مکاتبه بپذیرید، اما نمی‌توانیم نامه را به پایان ببریم بدون اعلام مجدد امتنان خود به خاطر آنچه که شما با لطف فراوان انجام داده‌اید و گفته‌اید که به خاطر منافع دانش و موزه انجام آن را پیشنهاد می‌کنید.»

وزیر امور داخله مانند دروتی و فرمانده و سلز به کارکرد زرافه و انتقال آن به خود می‌بالید و هزینه‌های سنگین نگه‌داری و انتقال دیگر مسأله‌ای نبود.

در پایان فوریه، گردش روزانه زرافه به صورت یک رویداد عمومی درآمده بود. در نیمروز هنگامی که هوا اجازه می‌داد، درهای فرمانداری باز می‌شد و گاوچرانان گاوان شیرده را به بیرون می‌آوردند. زرافه که شش نگهبان او را احاطه کرده بودند به دنبال گاوان راه می‌افتاد. با گرم شدن روزها راه‌پیمایی‌شان به

یک ساعت به خارج شهر و بازگشت تغییر کرد. در سوم مارس، پس از آنکه «جمعیت‌های کنجکاوی که همیشه حفظ نظم را رعایت نمی‌کنند، حق قانونی او را قطع کردند، فرمانده نامه‌ای به رئیس پلیس نوشت و درخواست کرد که از آن پس یک اسکورت دو نفره‌ی ژاندارم زرافه را همراهی کنند.

پیش از راه افتادن زرافه به درشکه‌رانان امتداد راه اخطار داده می‌شد و تنها هنگامی که تیم‌های مراقبت زرافه هراسان شدند، رویداد ناگواری رخ داد. در این حادثه قاطری زخمی شد وبه دو کالسکه آسیب رسید. فرمانده تا پایان یافتن محاسبات در ژوئن، با ظرافت خاص خود تصمیم گرفت با وجود آنکه به خاطر اخطار سفر زرافه به رانندگان، پرداخت هزینه‌ی تعمیرات الزامی نبود، برای جلوگیری از دشمنی کسی با نگهبانان زرافه آن را پرداخت کند. او در یادداشت خود این حادثه را به مقامات پاریس خاطرنشان ساخت.

بعداً در ماه مارس فرمانده به کارشناسان گزارش کرد که «ما بز کوهی ماده را از دست داده‌ایم ... از هیچ مراقبتی خودداری نشد و من ترتیب نگاهداری پوست و اسکلت (استخوان‌بندی) حیوان را داده‌ام.» کالبدشکافی دامپزشک روشن ساخت که بز مزبور از چهاردهم مارچ در اثر ضربه زدن و شاخ زدن شدید حیوان نر، چاقی و ورم معده مرده است- ترکیبی از پدیده‌هایی که «بیش از حد کافی برای مرگ لازم بود.»

با نزدیک شدن بهار، چگونگی انتقال زرافه به پاریس موضوع نامه‌های متبادله میان استادان و فرمانده دروتی را تشکیل می‌داد. هنوز در فرانسه ترن وجود نداشت. فرانسه دارای بیش از سی هزار مایل جاده سنگفرش بود که در اروپا بهترین بود اما دروتی که برادرزاده‌اش تازه به اسکندریه بازگشته و تقاضای فرمانده را برای رهنمود آورده بود، با «مسافرت زمینی زرافه»

مخالفت کرد. زیرا نگهداری و نگهبانی بسیار خطرناک خواهد بود. رودخانه بسیار متلاطم بود و او فکر می‌کرد که بهتر است حیوانات از راه دریا فرستاده شوند.

در ۱۵ مارس پروفسورها در پاریس به فرمانده نامه نوشته طی آن امتنان خود و اهمیت فراوان زرافه را برای دانش و باغ وحش و وزیر کشور و بالاتر از همه توجهی که پادشاه شخصاً به نگاهداری این حیوان پر ارزش مبذول می‌دارد را تکرار کردند- اما به طور مؤثر دست بلند کرده پرسیدند: «ما چگونه یک زرافه را از مارسی به پارک ببریم؟» «شاید عاقلانه باشد که از اینجا شخص هوشمندی اعزام شود که بتواند عملیات را رهبری کند.»

نامه‌ی استادان علاوه بر مطالب بالا موضوع مدیر یک شرکت حمل و نقل به نام پولیتو را در مارسی به فرمانده گوشزد کردند؛ او زرافه را در دیدارهای روزانه دیده و طی نامه‌ای سرویس و خدمات شرکت خود را برای انتقال زرافه از راه زمینی به پاریس عرضه داشته بود. گمان استادان بر همین بود که پولیتو در اصل به پولی علاقمند بود که می‌توانست از طریق نشان دادن زرافه به مردم در طول راه به دست آورد- «که به هیچ‌وجه با چیزی که مستقیماً به شاه متعلق بود مناسبتی نداشت» اما از فرمانده تقاضا کردند که به طور مفصل با مرد مزبور وارد گفتگو شود و دست کم از تجربه‌اش در این «نوع از مسافرت» بهره گیرد.

حمل مسافران و نامه‌ها میان پاریس و مارسی چندین روز به درازا کشید. در نوزدهم مارچ، فرمانده پیش از دریافت نامه استادان، بر سبیل اتفاق بدانها نامه‌ای نوشت که چرا اکنون متقاعد شده است مسافرت زمینی بهترین راه حل مشکل رساندن زرافه به پاریس است:

> زرافه حیوانی است سرشار از نیرو و توان و چون دیگر مراسم نیست، هر روز به محلی در شهر برده

می‌شود. تشخیص داده شده است که این ورزش برای او ضرورت دارد. محقق شده است که در این گردش‌هایی که شش مرد با استفاده از وسایل احتیاطی که عبارت از طناب‌های زیادند مسؤولیت کنترل او را بر عهده دارند، به آسانی می‌گذارد که راهش ببرند. گاوان همراه زرافه در جلوی وی راه می‌آفتند و او جهتی که آنها راه می‌پیمایند، تعقیب می‌کند. نه سروصدا نه آمد و شد وسائط نقلیه و نه اجتماع کنجکاوانی که در اطراف فشار می‌آورند، کوچکترین رنجشی را برای او موجب نمی‌شود. حیواناتی که با او روبرو می‌شوند، دیگر از او ترس و واهمه‌ای ندارند. همه‌ی این ملاحظات نشان می‌دهد که امکان آوردن او به پاریس با سفرهای کوتاه و ارزان ممکن است. به باورم هیچ شیوه‌ی حمل و نقل دیگری بهتر از این نیست. سفر بر روی رودخانه که من در آغاز تصورش را می‌کردم، موجب زیان‌هایی است آمیخته با دشواری‌های بسیار؛ زیرا این سفر خالی از خطر شکستگی استخوان در اثر سوار و پیاده شدن حیوان نیست ... در واقع درخواستم از شما این است که از پاریس شخصی را بفرستید که با دانش و رفتار مشابهی ایجاد اطمینان کند و او را مسئول نظارت بر انتقال زرافه خواهیم کرد، این ایده‌ی خوبی خواهد بود که کسی بیاید و عادت زرافه را پیش از گام پیش گذاشتن با او، مورد مطالعه قرار دهد.

یک شنبه بعد در ۲۶ مارچ، والی طی نامه‌ای دوباره با استناد به خطر بر اثر کنجکاوی جامعه، پیشنهاد را رد کرد. او تصریح کرد همه چیز مرا متقاعد می‌سازد که این حیوان خواهد توانست با سفرهای کوتاه روزانه به پاریس برود، اما واجب است

که شما شخص هوشمندی که توانایی اداره و مدیریت کار را داشته باشد هر چه زودتر برای ترتیب دادن عزیمت و آشنایی با عادات زرافه اعزام دارید.

فصل ۱۱
هر روز شادتر

به وینو بارژمو اطلاع داده نشده بود که «شخص هوشمندی» که از پاریس می‌آمد فرد بلند مرتبه‌ای است چون سنت هیلاری و یکی از والاترین دانایان اروپای سده نوزدهم است.

سنت هیلاری که در کودکی ظریف و ضعیف بود و به دنبال رؤیای قهرمانانه، با کشف دانش، مطالعات کلیسایی را رها کرده بود. پدرش بدو اجازه داد که در هیجده سالگی به پاریس برود و به تحصیل پزشکی بپردازد به شرطی که برای یک حرفه و شغل مناسب علم حقوق را نیز فراگیرد. پاریس و دانش، وی را چنان الهام بخشید که وی ظرف یک سال دوره‌ی حقوق را به پایان رسانید و وکیل شد و هیچ وقت از آن استفاده نکرد. هنگامی که در ژوئن ۱۹۷۳، دو ماه پس از بیست و یکمین زادروزش جوان‌ترین دوازده استاد و بنیانگذار موزه‌ی ملی تاریخ طبیعی پاریس شد، سفر نابهنگامی او را از الهیات به حقوق و از طب به جانورشناسی کشانده بود.

انقلاب فرانسه موزه را از مدرسه پزشکی پاریس به وجود
آورد که در اصل باغ گیاهان دارویی سلطنتی بود و باغ سلطنتی
خوانده می‌شد. این باغ که اسمش را «باغ گیاهان» گذاشتند،
بخشی از موزه‌ی توسینی شد که به منظور انجمن روشنفکری
پژوهش و آموزش پایه‌گذاری گشت — یکی از خانه‌های
روشنگری در سراسر اروپا — چنانچه جرج لوئیس یکی از
مدیران باغ می‌خواست، سنت هیلاری جوان عنوان «رئیس
بخش چهارپایان، پرندگان، خزندگان و ماهیان را به خود
اختصاص داد.» جانورشناسی او در اصل جمع‌آوری و تشریح،
استخوان‌ها بود - تا وقتی که لحظه‌ی شگفت‌انگیزی در تاریخ،
نخستین باغ وحش شهری جهان را خلق کرد. پسر سنت
هیلاری که او نیز یک جانورشناس بود، در کتاب شرح حال
پدرش موزه مزبور را چنین توصیف می‌کند:

پس از دهم آگوست (۱۷۹۲، هنگامی که انبوهی از
مردم بر کاخ تویلری یورش بردند) آرامگاه امپراتور (بعداً
اعدام شد) در ورسای تاراج گشت: یک شتر زیبا،
چندین چهارپای کوچک و شمار بسیاری از پرندگان یا
خورده شدند و یا به پوست‌کن تسلیم گردیدند. تنها
پنج حیوان، از جمله یک کرگدن هندی و یک شیر از
کشتار جمعی گریختند. اما آنها، مانند دیگران، این
بدشانسی را داشتند که متعلق به شاه بودند و بنابراین
یادگارهای استبداد به شمار می‌رفتند. آنها تقریباً غیر
قابل استفاده بودند، می‌بایستی تغذیه می‌شدند و برای
شهر خطرناک می‌نمودند. از این روی تصمیم گرفته شد
که از میان برداشته شوند و وزیر دارایی اسکلت
استخوانی‌شان را به باغ گیاهان تقدیم کرد.

برناردین سنت پی‌یر به موجب یکی از آخرین قوانین لویی شانزدهم ناظر باغ را منصوب و مجازات اعدام مرسوم علیه حیوانات ورسای را به عنوان خیانت بر علیه دانش رد و تقبیح کرد. وی تقاضا کرد که حیوانات مزبور به باغ گیاهان منتقل شوند، درآنجا هسته‌ی مرکزی دانشگاه را تشکیل دهند که به گفته وی برای شأن و مقام ملت، مطالعه طبیعت و هنرهای آزاد ضرورت دارد.

دامگاه ورسای در آگوست ۱۷۹۲، تاراج گشت، اما سرنوشت حیوانات زنده مانده تا پس از گردن زدن لویی شانزدهم در اواخر ژانویه ۱۷۹۳ نامعلوم ماند. بخش جانورشناسی در حال تولد سنت هیلاری که فاقد لوازم، پرسنل و سرمایه برای حیوانات بود ناگهان صاحب یک شیر و یک کرگدن و سه همراه مجاز شد. سگی نیز وجود داشت که با شیر مزبور بزرگ شده بود و در قفسش با او شریک بود (تهتاوی این افسانه قرن نوزدهمی را حکایت کرد: این دوستی عجیب موقعی شروع شده بود که شیر از زخم دردناکی رنج می‌برد و سگ با لیسیدن آن از میان میله‌های قفس نیز، از درد آن کاسته و شفایش داده بود.)

پنج ماه پس از تأسیس حوزه، در چهارم نوامبر، سنت هیلاری برای دریافت محموله‌ای غیر منتظره دربرگیرنده یک خرس سفید و یک پلنگ و دیگر حیواناتی که از سیرک‌های سیار گرفته شده بود، توسط پلیس احضار گشت. در نوبت دیگری با بسط و توسعه دموکراسی توسط پلیس پاریس حتی درندگان از طریق مصادره در دادگاه‌های خصوصی حیوانات وارد شدند؛ یک خرس سپید دیگر و یک بوزینه سپس یک پلنگ و دو عقاب.

سپس دو سیرک سیار دیگر در پاریس بسته شدند و حیواناتشان به سنت هیلاری تحویل گشتند. حیوانات نمایشگران خیابانی از قبیل خرسان رقاص و میمون‌های تربیت شده نیز از استثمار خویش آزاد گشتند.

موزه یک انستیتوی ملی اعلام شده بود و سنت هیلاری هیچ گونه الزامی برای موافقت کردن با این شکارچیان بدوی نداشت. اما او هر حیوانی را پذیرفت، ترتیب مراقبتشان را داد، قفس‌هایشان را در گرداگرد حیاط جا داد و آن‌جا را به صورت یک «اتاق» عمومی درآورد.

بدین ترتیب باغ وحش پاریس با هیچ توشه‌ای مگر آنچه که ۶۰ سال بعد، پسر هیلاری آن را «بی‌پروایی برای بر عهده گرفتن کاری شگرف، برانگیختن همکارانش برای برپا ساختن باغی که آیندگان به نیکی از آنها یاد کنند»، توصیف کرده، شروع به کار کرد.

انقلاب با مصادره‌ی دارایی‌های زنده‌گان، به صاحبان آنها زیان وارد کرد. پاره‌ای از این مردم که با این عمل دارایی از دست داده و بیکار شده بودند، با حیوانات خود ماندند و نخستین نگهبانان باغ وحش را تشکیل دادند.

پنج سال بعد، سنت هیلاری ۲۶ ساله یکی از اعضاء سپاه دانشی بود که ناپلئون را در سفر به مصر همراهی کرد. او توسط استادانش کلود لوئیس برتولد و گاسپارد مونژ استخدام شد که هر دو دوبرابر سن او را داشتند: «بیا! ما همکاران تو هستیم و بناپارت فرمانده ما است.» ناپلئون کمتر از سه سال از سنت هیلاری بزرگتر بود. در قاهره روزی که ناپلئون با سنت هیلاری مشغول بررسی آثار باستانی بود، از این که زندگی خود را وقف دانش نساخته بود، اظهار تأسف کرد. سنت هیلاری هرگز این گفته ناپلئون را از یاد نبرد: «من مانند اسکندر در اروپا خود را

یک فاتح یافتم. اما بیشتر دوست داشتم که پا جای پای نیوتون می‌نهادم.»

مانند بسیاری از دیگر هم‌نسلانش، سه سال پرسه زدن سنت هیلاری با ارتش در مصر، هم فال بود و هم تماشا؛ از یک سو دروازه‌های پژوهشی برایش باز شده بود و از سوی دیگر خوش‌گذرانی‌های جوانی. بنا بر نوشته‌های پسرش، هیلاری هر روز شادتر از روز پیش بود. او تمساحان رود نیل را مورد بررسی قرار داد و این کار کمک عمده‌ای به توصیف آتی مصر بود. او شیفته مارگیرهای مصری شد «که حرفه‌شان به کهنسانی خود تمدن است.» و هنگامی که در مصر بیشتر مردم مبتلا به بیماری همه‌گیری شدند که بومی‌ها را نابینا می‌ساخت، شاهد معجزه‌ی خود بود؛ بدین معنی که پس از ۲۹ ساعت بینایی خود را بازیافت.

هنگامی که سرانجام فرانسویان در ۱۸۰۱ تسلیم شدند، انگلیس‌ها همه مجموعه‌های با دقت گردآوری شده‌ی دانشمندان را مصادره کردند. دانشمندان از آن مجموعه‌ها سر باز می‌زدند. توسط سخنگوی‌شان، سنت هیلاری به آگاهی مقامات نظامی رسانیدند که آنها به عنوان زندانیان همراه مجموعه‌های خود به انگلستان خواهند رفت.

ژنرال عبدالله منو تصمیم گرفت کلبُر را به فرماندهی نیروهای فرانسوی بگمارد. عبدالله از اریستوکرات‌های پیشین بود که برای ازدواج با زنی که تصور می‌کرد پدرش ثروت‌مند است، حتا دین خود را عوض کرد و به اسلام گروید. اما پس از ازدواج معلوم شد که پدر همسرش از مال دنیا تنها صاحب یک حمام است و بس. همین موضوع موجب خنده نیروهای تحت فرمانش شده بود. افسران وی علناً تحقیرش می‌کردند و او حتی دستور داد بویر را به جرم نافرمانی و توهین بازداشت کنند.

منو سنگ رزتا را مال خود می‌دانست؛ او برای کار دانشمندان حرمتی قائل نبود و به ژنرال هاچینسون فرمانده انگلیس چنین توصیه کرد: «اخیراً به من اطلاع رسید که چند تن از صاحبان مجموعه‌های باارزش ما میل دارند دانه‌ها، کانی‌ها، پرندگان، پروانه‌ها و خزندگان خود را به هر جا که شما صندوق‌هایتان را می‌فرستید، تعقیب کنند. نمی‌دانم که آیا می‌خواهند به این منظور نیروهای ویژه‌ای استخدام کنند یا نه. اما می‌توانم به شما اطمینان دهم که چنانچه این منظور مطلوب آنها باشد، من آنها را باز نخواهم داشت.»

سنت هیلاری در یازده سالگی به وسیله پدربزرگش با «زندگی مردان نامدار» نوشته پلوتارک آشنا شده و این کتاب قهرمانان عمیقاً او را تحت تأثیر قرار داده بود. مردی که شیران و جنگلی پر از دام‌های شکار خصوصی فرانسه را نجات داده بود، در سن ۲۹ سالگی در مصر به هاچینسون گفت: «آنچه در اختیار شما است، بدون ما زبان مرده‌ای است که نه شما و نه دانشمندانتان قادر به درک آن نخواهید بود ... یقین داشته باشید که پیش از صدور اجازه‌ی این چپاول وحشیانه و ویرانگر، ما دارایی خود را از میان خواهیم برد؛ آنها را میان شن‌های صحرای لیبی دور خواهیم ریخت و یا به دریا خواهیم انداخت. بی تردید دارایی‌های خویش را خواهیم سوزاند. این شهرتی است که شما در نظر دارید! بسیار خوب، می‌توانید روی حافظه درازمدت تاریخ حساب کنید: شما همچنین کتابخانه‌ای را در اسکندریه خواهید سوزانید.»

هاچینسون اجازه داد که دانایان با مجموعه‌هایشان به میهن بازگردند. یکی از این مجموعه‌ها متعلق به جوزف فورید فیزیکدان، سیاستمدار بود که بعداً الهام‌بخش فرد دیگری به نام چمپولیون شد در جهت کشف رمز خطوط هیروگلیف. منو با

بخشندگی سنگ روزتا را تسلیم کرد که به لندن برده شود که تا امروز در موزه بریتانیا نگاهداری می‌شود.

***

سنت هیلاری به هنگام سفر دریایی به سوی مصر مجذوب همزیستی کوسه‌ها و خلبان‌ماهی‌ها شد. وی در امتداد رود نیل شاهد نمونه دیگری از همزیستی بود؛ پرندگانی را دید که دندان‌های تمساحان را تمیز می‌کنند ... این عمل متقابل انواع به کلی متفاوت از هنگامی مشاهده شد که نخستین شیر در موزه به هنگام ورود به ورسای با سگی هم‌قفس بود. چنین هم‌زیستی حیرت‌انگیزی او را فریفته بود. هنگامی که سگ بیمار شد و درگذشت، نخستین جانشینی که به قفس وی آورده شد چندان به وحشت افتاد که شیر او را با یک حرکت پا کشت اجرای سرنوشتی که به نظر می‌رسید سگ انتظار آن را داشت. اما در نهایت شیر یک حیوان هم‌قفس شجاع‌تر را پذیرفت.

چنین به نظر می‌رسید که در آن عصر انقلابی، حیوانات حتی درندگان نیز از یک نوع گزینش آزاد برخوردار بودند. ژان باتیست پیير آنتونی؛ همکار سنت هیلاری در موزه (که هم دانش زیست‌شناسی را راه انداخت و هم باغ گیاهان پاریس را) نظریه نوین تکامل تدریجی را به فرمول درآورد که خوشبینی ویژگی اولیه‌اش بود. او باور داشت که صفت اکتسابی می‌تواند قوی‌تر باشد؛ نیاکان زرافه برای چریدن گردن‌هایشان را کش دادند. به احتمال می‌بایست حدود پنجاه سال بگذرد تا داروین نظریه تکاملی احتمالی لامارک: " تغییر شکل، دگرگونی و دگرسازی" را برای بقای نسل انواع جانوران از جمله انسان تصحیح کند.

در ۱۸۳۰ یک سال پیش از آن که داروین ۲۲ ساله سوار کشتی بیگل شود، سنت هیلاری از نظریه تغییرپذیری انواع لامارک بر علیه نظر همکار دیگری به نام ژُرژ لئوپولد دفاع کرد که هر تغییر جنسی را به خدا نسبت می‌داد. گرچه گوته بحث میان سنت هیلاری و کویر را مهم‌ترین حادثه در تاریخ اروپا نامید، مباحثه مزبور یک مبحث الهیاتی (دینی) نبود. مطالعات سنت هیلاری از زمینه الهی ناشی می‌شوند، نه واکنشی در برابر آن. دانش عصر روشنگری با انگیزه انسان‌دوستانه‌اش هنوز یک بحران ایمان نبود. روشنکفران آغاز سده‌ی نوزدهم خدا را مورد پرسش‌هایی قرار می‌دادند و او هنوز با ایشان سخن می‌گفت. (هنگامی که در ۲۷ دسامبر ۱۸۳۱ کشتی بیگل سفر خود را آغاز کرد، تعهد داروین به عنوان طبیعی‌دان کشتی این بود که اثباتی برای داستان خلقت به موجب کتاب مقدس پیدا کند. در ۱۸۴۵ سالی که زرافه مرد، داروین از پنداشت هنوز پنهانی خود وحشت‌زده شد و محرمانه گفت که این «مانند اقرار به آدمکشی» است.

جنبه‌ی دیگری از پژوهش روشنگرانه‌ی شراکت و همراهی خدا در روند تکامل، علاقه سنت هیلاری به اغراق ژنتیکی- چه از نوع تمساحان و یا آدمی — بود. (یکی از تک پژوهش‌های فراوان او درباره «جنین‌های غول‌پیکر» مربوط است به دوقلوهای سیامی از «جفت‌گیری ادعایی یک سگ و یک گوسفند»). سنت هیلاری بنیانگذار دانش شناسایی جنین‌های ناقص‌الخلقه بود.

حدود سه دهه پس از مصر، موضوع‌های پژوهش سنت هیلاری- تقابل میان انواع و انحراف طبیعت- به گونه‌ای غیر منتظره در حادث تجربه وی در زرافه با هم الحاق شدند؛ زرافه از هر جهت موجودی خلاف قاعده بود، حیوانی عجیب و غریب

و نیرومند که با سکوت و آرامش به انسان وابسته شده بود. سنت هیلاری یک دانشمند برجسته و روشنفکر برجسته‌ی پنجاه و پنج ساله بود که از نقرس و روماتیسم رنج می‌برد.

***

در پایان آپریل سال ۱۸۲۷ جنوب فرانسه بهار غرق گل‌های بهاری بود. وینه بارسمو که مشتاقانه انتظار سنت هیلاری را می‌کشید، ناامید بود از این که وی هنوز نیامده است. فرمانده با خوش‌بینی سیاسی عادی خود با استادان و کارشناسان موزه در مورد سفر زرافه مشورت کرد؛ موضوع گرمای تابستان در جنوب و سفر زرافه پیش از رسیدن فصل گرما به جنوب را با آنها در میان می‌گذاشت.

فرماندار به کارشناسان موزه اطمینان داد که: «وضع این زرافه همیشه بهترین است. درجه حرارت فعلی و سبزی مزارع موجب خواهد شد که در گردش روزانه خویش دوست داشتنی‌ترین نشاط و سرزندگی را نشان دهد. به نظر می‌رسد ادامه توجه و مراقبتی که وی موضوع آن است این مژده را می‌دهد که شما در دامگاه دارای دارایی ارزشمندی خواهید بود.»

فرماندار به هنگامی که در انتظار سنت هیلاری بود با مسئولیت خویش اضافه شدن دو قوچ اضافی- گوسفند وحشی با شاخه‌های خمیده بومی کوه‌های کرنیکا و ساردی‌نیا- را با شادی بسیار پذیرفت. این‌ها هدیه‌ای بودند از مارکیس محلی که اتفاقاً عموزاده‌ی فرماندار نیز بود.

سنت هیلاری در سر راه مارسی در مونت پلیر که آن را دومین پایتخت دانش توصیف می‌کرد، توقف کرد و در آنجا به مذاکره دشوار و طولانی در مورد یک مجموعه ارزشمند ماهی پرداخت که پنجاه سال پیش از آن توسط دانشمندان مکتشف

دریاهای جنوب به وسیله‌ی کاپیتان کوک آورده شده بود. موزه‌ی پاریس مدت‌ها با عدم موفقیت کوشیده بود که آن مجموعه را به دست آورد. کارشناسان در مونت پلیه همواره انتقال آن مجموعه را رد کرده بودند. تا وقتی که سنت هیلاری خودر را برای پذیرش رنج یک پاسخ منفی دیگر آماده می‌کرد. او شخصا در آنجا حضور یافت تا به هر استاد یا کارشناس جداگانه و به حد ممکن انگیزاننده بگوید: "آنها بعداً از این که همه‌شان با دادن آن کلکسیون به وی موافقت کرده بودند، شگفت‌زده خواهند شد". هنگامی که سنت هیلاری در مونت پلیه بود، استادان بیولوژی و جانور شناسی با احترام تمام مقدمات تشکیل کنفرانسی برای بحث درباره‌ی آخرین انتشارات او را فراهم کردند.

سنت هیلاری در چهارم می ۱۸۲۷ به مارسی وارد شد. پس از مراقبت مشقت‌آور فرماندار از زرافه، او شگفت‌زده و شادمان بود که دولت چنان دانشمند برجسته‌ای را برای نظارت بر مسافرت او به پاریس، بدانجا فرستاده است. دو مرد دوستان صمیمی شدند و در نامه‌های بعدی به عموهایی شباهت داشتند که در علاقه و عشق به زرافه شریک و سهیم بودند.

سنت هیلاری سه روز نخست اقامت خود در مارسی را صرف مطالعه‌ی ظواهر و عادات این حیوانات عظیم‌الجثه کرد. او در گردش‌های روزانه این حیوان عظیم‌الجثه را همراهی کرد و هوشمندانه خویشتن را به قبول این نکته وادار کرد که جانور مزبور می‌تواند یک مسافرت ۵۵ مایلی را پیاده بپیماید. «حیوان می‌توانست در برابر خستگی از پای درآید شکست سرمایه‌گذاری من بخشودنی نبود: اما من همه احتمالات ممکن را با تصمیم اطمینان‌بخش در آینده به حساب آوردم.

لیست راه‌های مسیر و صورت‌حساب‌های دوازده روز بعدی، نشان از آشفتگی تدارکات او برای کاروان زرافه است.

در شمال فرانسه هنوز هوا به گونه‌ای غیرعادی سرد و در جنوب هوا گرم‌تر بود، اما غالباً باران می‌بارید. برای حفاظت و گرم نگاه داشتن زرافه، سنت هیلاری دستور داد که یک جامه‌ی پلاستیکی دو تکه با حاشیه قیطانی برای تنه و گردنش دوخته شود. تمام حواشی جامه با دو قیطان تزئین شده بود. سفارش این جامه شامل یقه جدیدی نیز می‌شد. سنت هیلاری که از فرسوده شدن سُم‌های حیوان پیش از پایان مسافرت نگران بود پیش‌بینی کرد که ممکن است به ناگزیر هنگام رسیدن به لیون سم‌هایش را با پوتین بپوشاند تا سالم بماند.

فرماندار به کارشناسان در پاریس گزارش داد که سنت هیلاری به هنگام دیدارش از کلکسیون‌های عمومی و شخصی افرادی در مارسی را که این نوع از اطلاعات در این ایالت ترویج می‌کنند، ملاقات کرده و به خواست آنان برای دانستن نام‌های اشیاء، پرسش‌های آنها را پاسخ گفته است. به درخواست دکترهای مارسی سنت هیلاری همچنین در دبیرستان متوسطه سالز به ایراد سخنرانی هیجان‌انگیز پرداخت که در آن «استادان و دانش‌آموزان را در جریان تازه‌ترین دانش تشریح قرار داد و مهربانی خستگی‌ناپذیرش در این زمینه بر این بخش از جمعیت اثری به جای نهاد که نتایج آن می‌تواند ثمربخش باشد». در مونت پلیه از او تقاضا شد در آکادمی‌های علمی مارسی و تولون صحبت کند.

فرماندار با تکیه بر نام پروفسور هیلاری در گزارشی به مقامات، چرایی اهمیت و هزینه تدارکات انجام شده و توجه دولت به این پروژه را شرح داد. او توضیح داد که چرا دولت به اشیاء تاریخی توجه دارد: «زرافه نجیب‌ترین حیوان است و در

مورد آسیب رسیدن به حیوانات دیگر که از دیدن اندام عظیمش هراسناک می‌شوند، بی‌تردید نمی‌تواند حادثه‌ای به وجود آید. البته رخ دادن برخی وقایع اجتناب‌ناپذیر است؛ از جمله هراس بعضی از حیوانات به خاطر اندام بزرگ و بلند زرافه.

همچنین از نیروهای ژاندارمری خواسته شد که گاوها را در معرض دستیابی راهنمایان قرار دهند. به شهرداران روستاهایی که توقف شبانه در آنها پیش‌بینی شده بود دستور داده شد طویله‌هایی بسازند که دست‌کم تا سیزده پا ارتفاع داشته باشند.

برای تسهیل تدارکات لازم برای رسیدن زرافه به پاریس، گاو مصری که شیردهی خود را از دست داده بود، فروخته شده و با توجه به علاقه فرماندار به حیوانات، جای آن به بز کوهی نر و ماده‌ی اکنون آبستن، آن داده شد. سنت هیلاری نقشه کشیده بود که با پشت سر نهادن بز کوهی نر و غذای لازم برای تغذیه‌ی او در مارسی، از وزن زرافه بکاهد. اما منحصر به فردی آن حیوان تصمیمش را عوض کرد. سنت هیلاری هرگز بزی چون او را ندیده بود و تنها می‌توانست شباهت او را با شناخته شده‌ترین بزهای کوهی توصیف کند. همسفر زرافه «نفیس‌ترین حیوان از آب درآمد ... که برای جانورشناسی تازگی داشت ... حتی یک نوع جدیدی بود، که خصوصیات اصلی گوزن یالدار، قوچ کوهی و بز کوهی را یک‌جا در خود گرد آورده بود.

این حیوان چندان برای اروپا تازگی داشت که هنوز نوع آن را نامگذاری نکرده بودند. سنت هیلاری به حیوان لقب سناری بر اساس شهر سنار در آفریقای مرکزی داد. او به همکارانش در پاریس توضیح داد که حیوان «قوی‌هیکل است و بسیار آب‌زیرکاه». او دستور داده بود قفس محکمی برایش ساخته شود و یک سازه مستحکم برای اسب و گاری‌یی که قرار است

همراه زرافه باشد. در طول راه قفس او همراه قفس دو قوچ کوهی، یک گاری و اسب در حرکت خواهد بود.

مقرر شد چنانچه طول مسافرت از ۵۰ روز بیشتر شود، بر دستمزد روزانه گاریچی بیفزاید. دستمزد دویست روز اقامت در پاریس و ۱۲ روز سفر بازگشت او به مارسی. در صورت‌حساب هزینه‌ها بر اساس شرایط مطلوب و خوب پیش‌بینی شده بود و موقعیت همراهان با دقت شرح داده شده بود. اسب هشت ساله بود و مسؤلیت حمل حیوانات در قفس و حمل غذای آنان را بر عهده داشت که عبارت بود از جو، سبوس، ذرت و غلات که سنت هیلاری می‌خواست از آن چشم بپوشد، اما اکنون به مقدار زیادی خریداری شده که تا رسیدن به لیون کفاف بدهد. گاری همچنین پوست و اسکلت بز کوهی ماده‌ی سنت هیلاری و خوراک چهار نگاهدارنده‌ی حیوانات را با خود حمل خواهد کرد. دستمزد راننده‌ی گاری و نگاهدارنده مزبور و دیگر هزینه‌هایی که با عزیمتشان ملازمه داشت، پیش پرداخت می‌شد.

علاوه بر راننده گاری و حسن و عطیر، سنت هیلاری دو کارگر دیگر را برای مسافرت استخدام کرد. یکی از آنها از اهالی مارسی بود که نخستین بار در سوابق به عنوان مردی ظاهر می‌شود که فرماندار او را برای قوچ کوهی پسرعمویش فرستاده است. عجیب آنکه دستمزد بارتلمی دو برابر مزد حسن بود اگرچه حسن سرمباشر حیوانات و بیشتر به عطیر وابسته بود.

افزون بر زرافه، پسرک سیاه پوست فرانسوی مصری تباری در این سفر بود به نام یوسف که ژورف می‌نامیدندش. پسر یک فراری بود که ارتش ناپلئون را به فرانسه همراهی کرده بود. این خانواده بیست و شش سال پس از عقب‌نشینی مصریان هنوز در

یک قرارگاه پناهندگان در مارسی زندگی می‌کردند که یوسف زاده شد و دو زبانه بزرگ شد.

سخت‌گیری نظامی محلی بر روی پناهندگان ایجاب می‌کرد که فرماندار شخصاً عزیمت یوسف به پاریس را به فرمانده قرارگاه اعلام کند. بدون تعیین سن دقیقش، تنها می‌دانیم که او چندان جوان بود که پدرش می‌توانست برای پرداخت هزینه‌های رفاهیش طلب دستمزد کند. سنت هیلاری یادآور می‌شود که او به عنوان «کمک و مترجم» حسن و عطیر نزد اوخدمتَ می‌کرده است. عابد ژوزف پناهنده مصری شماره ۴۸۷، شایسته دریافت روزانه مبلغ ۷۲ سانتیم بود. حدود ۱۲ سنت در سال ۱۸۲۷. روز پیش از عزیمت آنها به مارسی، سنت هیلاری همه را شمرده ۴۳ فرانکی یوسف را پرداخت کرد، که دو برابر مبلغ ماهانه بود. مربی تازه‌ی او هم‌چنین می‌بایست مخارج ضمن راه را بدو پرداخت می‌کرد.

پسرک از این که بخشی از رویدادهای هیجان‌انگیز خواهد بود، به شدت در هیجان بود. این فرزند مصری پناهنده می‌رفت تا با زرافه پادشاه، پاریس را ببیند. با اینهمه نه یوسف و نه هیچ یک از دیگران از شهرت و آوازه‌ی ضمن راه آگاهی نداشتند. آنها نمی‌دانستند که جمعیت انبوهی در مارسی در انتظار کاروان زرافه‌اند.

فصل ۱۲
بدرفتاری‌های کنجکاوان

وینو بارژمو توصیه کرد که تا برآمدن آفتاب صبر کنند. اما سنت هیلاری مصمم بود که در نخستین لحظه ممکن عزیمت کنند.

در بامداد بارانی روز بیستم می، شانزده روز پس از ورود سنت هیلاری، زرافه، پیچیده شده در پوشش پلاستیکی با حاشیه مشکی تازه، به دنبال گاو شیرده برای آخرین بار فرمانداری را ترک کرد. حسن، مانند همیشه، با طناب جلو افتاد. عطیر و بارتلمی با طناب در دو طرف زرافه او را به عقب نگاه داشتند. زرافه به آسانی به راه افتاد، در حالی که تنها سه مرد او را نگاه داشته بودند. مردانی که ماه‌ها طی گردش روزانه تمرین کرده بودند که چگونه به میل زرافه رفتار کنند. صبح یکشنبه اندوه‌زایی بود؛ زمانی که کاروان به جای گردش روزانه در هوای خوب حومه شهر، سفر در مسیر طولانی خود را آغاز کرد، زنگ‌های کلیسای طنین‌انداز شدند.

فرماندار با اندیشمندی هم صحبتی برای نخستین روز راه‌پیمایی سنت هیلاری به استان سیکس فراهم آورد. دو مرد در میان باران در جلو کاروان راه افتادند و از پس ایشان گاوان شیرده که پستان‌هایشان در جلو زرافه در جنبش و نوسان بود. ژاندارم‌های سواره کاروان را در جلو و عقب همراهی می‌کردند در حالی که می‌کوشیدند تا اسبان خود را در فاصله‌ای دور از زرافه نگاه دارند که موجب عصبانیت آنها نشود.

درشکه‌ها و واگن‌ها و گاری‌هایی که از نقطه مقابل می‌آمدند، به هنگام عبور کاروان برای جلوگیری از ترس حیوانات، خود را به کنار جاده می‌کشاندند و رانندگان و مسافران با مشاهده‌ی گذار شاخ‌های عجیب داخل قفس‌های روی گاری و منظره بهت‌آور یک زرافه در پالتو بارانی پذیرایی می‌شدند.

سپاس از توجه علاقمندانه فرماندار که شرایط را چنان مهیا کرده بود که زرافه نیرومند و تندرست و با کم‌ترین اضطراب مسیر را طی می‌کرد. اکنون او تقریباً به رشد کامل رسیده بود، شش اینچ بلندتر از وقتی که به مارسی وارد شد، بلندی قدش دقیقاً به ۱۲ فوت می‌رسید.

سنت هیلاری تخمین زده بود که طی دوازده مایل نخستین دو ساعت وقت خواهد گرفت اما به علت سربالایی مسیر و طی آهسته مسافت، زمان رسیدن به هدف را بیشتر کرد. بارانی بودن هوا و حضور گروهی از مردم که هنوز به برای رعایت الزامات لازم این سفر آماده نبودند موجب شد که فرماندار ضمن پوزش‌خواهی هیجان‌زده‌ی خود که روز بعد نوشته شده بود، بگوید:

همه اینها این گفته‌ی قدیمی را ثابت می‌کند که برای بیگناهانی مانند زرافه قدرتی وجود دارد ... این کس هم به یقین سنت هیلاری است. این شخص غیرمعقول کیست که این

حیوان را در چنین هوای بدی به راه انداخته است؟ بی‌شک پاریس نشینان بر این باورند که من در جاده‌های غفلت گام گذاشته‌ام زیرا آنها فقط هدف را در نظر دارند؛ زرافه را می‌خواهند. آنان به هیچ روی از دشواری‌ها آگاه نیستند. من در مورد زیبای افریقایی شخصاً چقدر مدیون شما هستم و من قول خود را در مورد در جریان گذاشتن مهربانی و توجه‌تان تجدید می‌کنم.

فرماندار پیشنهاد کرده بود که تن‌پوش زرافه با نشانه‌های فراشه تزئین شود، اما پیش از ترک مارسی وقتی برای انجام این کار وجود نداشت. سنت هیلاری روز بعد در هنگام استراحت دستور داد نشانه‌هایی روی تن‌پوش زرافه نصب گردد و برای ادای احترام به فرماندار از مقامات محلی خواست که در گزارش مربوط به سفر زرافه، این موضوع را به آگاهی او برسانند. «سرورم، زرافه در نهایت تندرستی است. زرافه نسبت به جمعیت لطف بسیاری نشان داد، بامداد دوشنبه دستور داده شد زرافه را به گردش ببرند وبرای مشاهده‌ی مردم به تماشا گذاشته شد؛ گردش مشابهی در ساعت ۷ بعدازظهر صورت گرفت؛ جمعیت کنجکاوان باورنکردنی بود.»

سنت هیلاری جمعیت زیر تونل درختان مسیر میرابو را طاق کلیسا که در آن وقت قدیمی بود، توصیف می‌کند. درست پیش از روز عروج مسیح بود به آسمان. یک گروه مذهبی ارتجاعی به نظر می‌رسید که نمایش بامدادی زرافه را تقدیس می‌کنند. اما جمعیت سیری‌ناپذیر بود، سنت هیلاری به فرماندار گزارش داد: «زرافه بیشتر از آرامش و استراحت خسته بود تا راهپیمایی معمول روزانه.»

برانگیختن و ارضای محتاطانه‌ی بورژواهای محلی در اثنای استراحت روزانه نیز ضرورت داشت. بدین ترتیب در منطقه‌ی

اکس، سنت‌هیلاری بلافاصله دریافت که هم مردم و هم پاره‌ای از مقامات انتظار دارند که برای آنها نمایش زرافه ترتیب داده شود.

کاروان ساعت هشت بامداد روز سه‌شنبه که تردد کمتر است شهر اکس را پشت سر نهاد. هنوز در حال صعود به شمال غربی از میان کوه‌های آهکی و کاج‌های چتری بودند؛ اما در نامه‌ی بعدی سنت هیلاری به فرماندار، آفتاب وجود داشت. سه روز پس از خروج از اکس با نزدیک شدن به هدف هر کس می‌داند که چه باید بکند و هر کسی در سر کار خود قرار دارد؛ من می‌گویم که همه‌ی ما اعم از حیوان و انسان امروز صبح شاهد بودیم که زرافه زیر جبه‌ی نشاندار خود آرام بود. به مجردی که گاوان را در حال حرکت دید، خودبه خود دنبال حسن راهنمایی پیشاهنگ که به شکوهمندی یک طاوس طناب جلویش را می‌کشید، راه افتاد.

عطیر طناب سمت راست زرافه را گرفته بود، بارتلمی در سمت چپ عهده‌دار مسؤولیت بود و یوسف گاوان شیرده را می‌راند. جنگل‌های صخره‌ای کاج جای خود را به درختستان‌های بادام و زیتون و آلبالو و گیلاس داده بودند. مزارع گندم سبز رو به زردی که شقایق قرمز از لابه‌لای آنها سر بیرون کرده، چشم‌نواز بودند. در همه جا بنفشه‌های وحشی روئیده بودند که هوا را با عطر شیرین خود پر کرده بودند.

افراد برجسته محلی و « دانش دوستان » افتخار همراهی با سنت هیلاری در منطقه‌ی خودشان را داشتند. وی در هر یک از توقف‌های شبانه خویش به طور رسمی مورد احترام قرار می‌گرفت و دعوت می‌شد تا پزشکان و دامپزشکان را ببیند.

پزشکانی که با کار سنت هیلاری در زمینه ژنتیک آشنا بودند، با هدیه کردن نمونه‌های پرارزش خود به سنت هیلاری

دیدار او را جشن می‌گرفتند. سنت هیلاری به فرماندار چنین نوشت: «در این رابطه دستاورد من فراوان است دو تا در اکس، یکی در سنت کنت و دو تا در لومبسک: آنان با چنان گشاده‌دستی چیزهایی به من می‌دهند که نظیر ندارد. دو نمونه از آنها بسیار مورد علاقه و توجه من قرار گرفت؛ آنها برای من بدایعی هستند که روزی در تاریخ علوم به صورت سؤال‌هایی درخواهند آمد. من این بادآورده‌های نیکخواهانه را جبران این زمان تلف شده تلقی می‌کنم؛ منظورم وقتی است که در سکوت و آرمش آزمایشگاه صرف نشده است.

سنت هیلاری پس از چهار شب راه‌پیمایی، با فرماندار قراری می‌گذارد؛ در مورد این که او نیاز دارد که کاروان را از آز و طمع کاروانسراداران مصون دارد. به باور او اینان دزدان سر گردنه هستند که در خاموشی حرکت می‌کنند. آنها می‌گویند حیوان زیبای پادشاه اربابی دارد که به خوبی توانایی پرداخت دارد و آنها حتی مرا کنت سنت هیلاری می‌کنند. گرچه یک کاروانسرای دیگر در مخاطب قرار دادن سنت هیلاری، یک حقیقت شاعرانه راسخ گفت: «شماری زرافه»

در آویگون آنها پیش از راه افتادن به شمال و به طرف دره‌ی رون، چهل و هشت ساعت استراحت کردند. اکنون در آنجا مزرعه درختان انگور بود که شراب نابی هم می‌داشت و بعد از شهر اورنژ با آمفی‌تئاتر دوران روم باستان، همه‌ی مناطق شهری بین راه شبیه هم بودند با ساکنانی کنجکاو و شهرداری که با حمایت سرهنگ‌های ارتش سر کار بودند. شهردارها بدون توجه به این که گروه ما در آنجا توقف دارد یا نه، از دفتر خود پیام خوش‌آمد برای ما می‌فرستادند.

فضای پیرامون باز و گسترده می‌شد، روزهای سرد به هنگام گذار در امتداد دره رون سرعت حرکت را کندتر می‌کرد. هوای

گرمتر مدیترانه از شمال باد خنک می‌وزاند. در پشت سر کاروان، همچنان که باد شمال به صورت‌هایشان می‌وزید. سمت شمالی هر خانه و ساختمان بی رنگ به نظر می‌آمد. خانه‌ها بدون پنجره یا در به نظر می‌رسیدند. باد هولناکی که «ارباب» دره رون خوانده می‌شد، همه چیز را از شکل انداخته بود.

با هجوم جمعیتی که خبر ورود زرافه را شنیده بودند، دو ساعت استراحت میانه روز به هم خورد. بنا به گزارش سنت هیلاری: «او در رابطه با این موضوع همه افرادی را که در امتداد جاده و آنهایی که از همه کلبه‌ها و خانه‌های روستایی کنار دره رون می‌آمدند را می‌بایست آرام کند».

سنت هیلاری می‌بایستی هر بعدازظهر پیشاپیش راه بیفتد تا قبل از رسیدن کاروان درباره قیمت لوازم و توقف آن شب بحث کند و قرارداد لازم را ببندد.

هرشب، نگرانی‌های تازه‌ای برای تهیه مدارک و اسکان زرافه وجود داشت، می‌بایست جای آماده و لباس پیدا کرد یا در محل ویرانه‌ای، به بام اصطبل برای اطراق شبانه اختصاص داده شود. برای آن که حیواناتی که توسط گاری حمل و نقل می‌شدند بتوانند شب را به راحتی بگذرانند، هر شب آنها را از قفس‌هایشان بیرون آورده، هر صبح بدانجا باز می‌گردند، و این کاری وقت‌گیر و مستلزم نیرو و احتیاط بود. در ورود به شهرهای بزرگ لازم بود که از زرافه در برابر کنجکاوی مردم با احتیاط دفاع شود و من می‌بایستی با مردمی درگیرمی‌شدم که برای دیدن زرافه بدون نظم و ترتیب به حیوان هجوم می‌بردند. این کار هر روز تکرار می‌شد.

هر شب، پس از فراغت کار گروه‌ها، سنت هیلاری می‌بایستی از تماشاگران خصوصی، مشتمل بر بزرگان، نجبا، مقامات رسمی و لشکریان پذیرایی کند. او موافقت می‌کرد تا حدی که برای من

مقدور بود شرایط نشاط و شادی‌شان را فراهم کنم و موقعیت زرافه که از نظر آنان حیوانی عجیب بود را توضیح دهم.

در طی راه در اورنژ، لپولود، و مونتیمار بیتوته کردند و هر بامداد درباد با باران و یا بی‌باران، سفر از سر گرفته می‌شد. ادامه سفر در امتداد سمت شمالی روستاها که خانه‌های‌شان بی‌رنگ می‌نمود انجام می‌شد.

پس از آویگون نخستین شهر والنس بود که سنت هیلاری بسیار ممنون فرماندار آن بود. ناپلئون دوست سنت هیلاری به عنوان یک دانشجوی شانزده ساله دانشکده‌ی افسری در آنجا به مدرسه پیاده نظام رفته بود. در زمان سفر زرافه شهر والنس هم‌چنان یک مرکز آموزش نظامی باقی ماند، چنان که امروزه هم هست. شهریست سرزنده با دختران و پسران جوان یونیفرم‌پوش. سنت هیلاری که در پنجاه و پنج سالگی خسته و رنجور بود، دوران جوانی را به یاد می‌آورد و با این یادآوری می‌بایستی جوانی خود را با ناپلئون به خاطر آورده باشد. در تمام طول عمر پسرش می‌گفت: «تمام خرابی‌های ۱۸۱۳- ۱۸۱۴ ....، هجوم بیگانگان برای اشغال پاریس، سقوط مرد بزرگی که او را در مصر دیده و دوست داشته بود: چنین واژگونی، پیروزی او را در اندوهی ژرف غوطه‌ور می‌ساخت.»

میان لیون و ولنس شیب تند جاده رون مسیر را تند و وحشتناک می‌سازد. رود رون که از آب برف پر است، مستقیماً به سوی جنوب حرکت می‌کند. با رنگ سبز و قبه‌های سپید بر شانه جاده. در بهار باد و رایحه‌ی گل‌ها موقعیت را چنان می‌سازد که انگار در کنار یک قطار سریع‌السیر ایستاده باشی. باد گرم بهار در دره‌ی رون هوا را گرم‌تر می‌کند و درجه گرمی هوا با درجه هوای دریای مدیترانه مساوی می‌گردد. در چنین

شرایطی همه‌چیز مطبوع به نظر می‌رسد و سفر دشواری زیادی ندارد.

اما بهار سال ۱۸۲۷ فوق‌العاده هوا سرد بود. به گزارش سنت هیلاری، در طی هفده روز راه پیمایی‌شان از مارسی تا لیون «کاروان ناگزیر شد دو طوفان و چند روز بارانی را تحمل کند.» در نخستین هفته ماه ژوئن در تپه‌های اطراف لیون باران به برف تبدیل گشت.

حسن و عطیر هر دو طغیان نیل آبی را با باران تابستانی دیده بودند، اما آنچه اکنون شاهد بودند، قابل مقایسه با نیل و طغیان آن نبود. اینجا کوهی از یخ و برف ذوب شده بود و بادی سهمگین وزیدن گرفته بود که دره و رود رون را به تلاطم واداشته بود. پیش از زمستان‌شان در مارسی، آنها هرگز سرمای شمال را احساس نکرده بودند، هرگز یک فصل در حال مرگ را ندیده بودند در نیل زمستان فصل درختکاری و رشد بود و حاشیه آن صحرا گسترده بود، ولی اگرچه دره رون و روستاهای حاشیه آن در حال تغییر شکل بودند، رد امتداد جاده در کرانه‌های دور در جنوب به سبزی می‌گرایید وکشتزارها و روستاهای دور افتاده هم تغییر می‌کردند. از بالا که پایین دست را نگاه می‌کردی، جایی که رنگ آبی آب و سفیدی برف در هم می‌آمیختند، قرمزی آجر سقف خانه‌ها هارمونی بسیار زیبایی با رنگ روبانی که طلسم زرافه با آن بر گردنش بسته شده بود می‌ساخت. زمین گسترده می‌شد و به اشکال حلزون‌های سرگردان به سوی مزارع، بوستان‌ها و باغ‌ها و توتستان شاه‌توت، درختان رز قد می‌کشید. در دوردست‌ها حریر مخمل ابریشم بر سقف روستاهای لیون کشیده می‌شد که ویژگی این منطقه بود.

روز اول جون در تین گوله یخی برنده در غشاء میان سم‌های زرافه فرو رفت. یخ بی درنگ بیرون کشیده شد و زرافه

دچار لنگیدن نگشت. سنت هیلاری دریافت که شش روز سفر مداوم، زرافه را خسته و رنجور کرده است. به همین خاطر تصمیم گرفت که از شتاب در حرکت بکاهد و مسافت میان لیون را از چهار روز به شش روز افزایش دهد.

شب هنگام سنت هیلاری بجای استراحت، مسؤولیت زرافه را در راه‌پیمایی به سوی سنت رامبرت، بر عهده یک پزشک محلی که دانشجوی پیشینش بود گذاشت که در روزهای آینده برای «ترتیب دادن خدمات مربوط به کنجکاوان شهر بزرگ لیون طرح و نقشه جدیدی را به اجرا بگذارد. که شرح آن را در دو نامه‌ای نوشت که روز بعد از لیون فرستاد. یکی از دو نامه، نامه‌ای خصوصی بود به دوشس فرماندار مارسی. نامه دیگر، نامه‌ای رسمی بود به وزیر کشور در پاریس.

در لیون، مانند خارطوم، دو رودخانه مختلف با هم تلاقی می‌کردند. رود رون از شرق آلپ به پایین در جریان است و جریان ملایم و آرام سنون به داخل شهر از شمال را رقم می‌زند. طرح تازه سنت هیلاری که احتراز از رویارویی با جمعیت است، گذار از روی سنون است که به آسانی قابل کشتیرانی است. به این ترتیب او می‌خواست از دشواری راه‌پیمایی بکاهد. او در نامه‌ای به وزیر کشور نوشت:

«زرافه کماکان از سلامت کامل برخوردار است. او با شجاعت خستگی ۱۶۶۰ کیلومتر راه از مارسی به لیون را تحمل کرد ... اما اثرات آنها را احساس می‌کند، گاوان دارند خسته می‌شوند و آن یکی که در مصر زائیده شد، کمی می‌لنگد ... من نمی‌توانم این مطلب را پنهان کنم که مسافرت در درازمدت خستگی زیاد محسوسی برای زرافه داشته است. این را می‌شود از شکل حرکت او که مانند روزهای نخست نیست، مشاهده کرد. ... البته قابل ذکر است که سلامت حیوان که با پشتیبانی آن جناب به

اینجانب سپرده شده است برقرار می‌باشد ... ترتیبی داده‌ام که اسکله برای پیاده شدن طوری تنظیم شود که برای پهلو گرفتن قایق‌ها متناسبند ... برای زرافه که بیشتر و بیشتر رام می‌شود و با تمرین‌های مدام و روزافزون و تربیت خانگی، رفتارهای اسب و شتر را دارد. همین ویژگی است که او را توانا می‌سازد تا سوار شدن بر قایق‌های مخصوص و پیاده شدن را ضمن اجرا، تحمل کند. اگر چنین کنیم هزینه این سفر آبی تنها یک سوم بیش از مخارج سفر زمینی است.»

سنت هیلاری در این نامه همچنین پیشنهاد کرد که با نزدیک شدن به پاریس، به زرافه ده روز استراحت داده شود پیش از آن که با جمعیت کنجکاوان تند و تیز مواجه شود.

اگر شاه اجازه دهد که زرافه در اصطبل کاخ سلطنتی وارد شود و پیش از هر کسی فرصت ملاحظه شدن توسط اعلیحضرت و اعضاء خاندان او به حیوان ارزانی گردد، من خط سیر کاروان را منحرف خواهم کرد ... بدیهی است که اجرای نقشه‌های یاد شده، بایستی توسط اعلیحضرت تایید شود. اما اگر به من دستوری نرسد، من برنامه را همان گونه که طرح شده است تعقیب خواهم کرد. پس از پیاده شدن در شالون مسیر باقیمانده سفر را به اعلیحضرت تسلیم خواهم کرد. و اگر به من اختیار داده شود که از طریق رودخانه پیش بروم هم خود با اشتیاق و دقت برای به سلامت رساندن زرافه کوشش خواهم کرد.

نامه سنت هیلاری به فرماندار متضمن مطالب با جزئیات فراوان بود، شرح خستگی روزانه و با ملاطفت یادآوری خجالتی بودن او در شیر نوشیدن جلو بیگانگان: «نمی‌توانید باور کنید که ... او چگونه رام‌شدنی است؛ در یک رفتار دلپسند با اطاعت کامل در شب و در صبح بعد، با شجاعت بسیار فنجان شیر خود

را در حضور همه حاضران آشامید و او اکنون دیگر خستگی نشان نمی‌دهد (ولی خسته است) و بهتر است اقدامات پیش‌گیری تا تحویل آن به پاریس انجام شود؛ چنانچه خود می‌دانید، کار پیشگیرانه ابتلا به بیماری به کاربرد دارو و درمان برتری دارد.

سنت هیلاری که پیش‌بینی می‌کرد طرح و نقشه‌اش توسط وزیر کشور تأیید شود به هنگام ارسال نامه‌های خود قبلاً ترتیب سفر کاروان را بر روی سنون داد و همان شب با شتاب به سنت رامبرت بازگشت. کاروان هنوز سه روز به جنوب لیون فاصله داشت، جایی که می‌بایستی در پنجم جون وارد شود و بکوشد که پیش از سوار شدن در بامداد نهم، استراحت کند. در طی چهار روز سفر بر روی رود، مردم نمی‌توانستند از ساحل رودخانه (به قایق) نزدیکتر بیایند.

فصل ۱۳
یک بیگانه زیبا

زرافه طبق برنامه از پیش تعیین شده، روز سه‌شنبه ۵ جون ۱۸۲۷ وارد شهر لیون شد. در همان روز آتن فروریخت و ترک‌ها آنجا را فتح کردند. نیروهای تربیت فرانسوی یافته محمدعلی از ماه مارچ در طی چند نبرد پیاپی با یونانیان مقدمات این پیروزی را فراهم کرده بودند. در حالی که نایب‌السلطنه می‌رفت تا منفورترین مرد در اروپا شود در لیون ناگهان رسانه‌ها زرافه‌ی او را مشهورترین پدیده در فرانسه کردند.

یک روزنامه چنین گزارش داد:

"امروز زرافه همراه با محافظانش و در حصارهای متعددی از پلیس، جمعیت بزرگی از مردم کنجکاو در بخشی از شهر را زیر پا گذاشت. حیوان با کمال آرامش در حضور دیدار فرماندار که در سخنرانی خوش‌آمدگویی‌اش زرافه را «زیبای بیگناه» نام داده بود، نشان داد که در ماه‌های گذشته به خوبی آموزش دیده است. مأمورین محافظ به منظور محافظت حیوان از سرما، بالاپوشی از تافته‌ی شمعی بدو پوشانده بودند. به نظر می‌رسد

که درجه‌ی فوق‌العاده سرد به مدت چند روز ما را متعجب کرد. امروز سرما چندان شدید بود در مناطق پیرامون لیون برف بارید."

در یادداشت‌های سنت‌هیلاری آمده است که به هنگام اقامت آنان در لیون، درجه هوا به ۲ درجه سانتیگراد سقوط کرد. روزنامه‌ها در گزارش‌های روزانه و یک مقاله بلند دو قسمتی نوشته سنت هیلاری را درج کردند که اظهار نظرهای تحسین‌آمیزی به خاطر سخنرانی الهام بخش برای دانشجویان محلی در نانت در پی داشت.

در آن هفته لیون مورد توجه بود: علاوه بر زرافه و ملازمان عجیب و غریبش، که هر روز دوبار زیر درختان زیرفون باشکوه در سمت جنوبی میدان در امتداد آلاچیق‌هایی که گل‌فروش‌ها با دسته‌های گل رنگارنگ و رایحه دل‌انگیز، هوش از هر بیننده‌ای می‌بردند، به تماشا گذاشته می‌شدند، حادثه یک خودکشی وحشتناک و یک اعدام که «همه محکومان در آن حضور داشتند»، شهر را بیش از هر زمانی جذاب‌تر کرده بود. روزنامه‌نگاران در گزارش‌های خود خواسته بودند که به جای مجازات اعدام، روش‌های آموزشی و ارشادی جایگزین مرگ شود. در همین حال میدانی که محل نمایش زرافه بود و اعدام، روزنامه‌ها گزارش دادند که:

آقایان گالی و اسمیت از اهالی لندن، افتخار دارند که یک مجموعه عالی از مارهای زنده را در معرض تماشای عموم بگذارند ... هر روز از ساعت ۱۱ صبح تا ۸ بعد از ظهر. مجموعه مارها به شرح زیر به نمایش گذاشته می‌شوند

۱- مار زنگی، تنها ماری که در ۲۵ سال اخیر در فرانسه دیده شده است.

۲- مار آناکوندا

۳- اژدرمار (مار بوا)

۴- مار گلدوزی شده (به احتمال مار جعفری است که به خاطر رنگ‌های زیبای پوستش آن را گلدوزی شده می‌خوانند.)

۵- مار خالدار (دلقک)

علاوه بر این، دو تمساح نیل، کله یک رئیس سرخ‌پوست ویک غول ۱۸ ساله ۶ فوت ۶ اینچی

سنت هیلاری که رئیس سیرک سیار بود، در انتظار دریافت اجازه‌ی پاریس برای ادامه سفر از راه رود سنون بود. او در جایگاه ویژه خود از نمایش زرافه و هیاهوی مردم لذت می‌برد. در یادداشت‌هایش نوشته است: "بیشترین حظ و لذت زمانی نصیب من شد که در مدرسه عالی دامپزشکی لیون هیولایی یافتم پر انگشت از نوع اسب.

در همان سال حضور جمعیت انبوه در میدان بلوکور به سرعت افزایش یافت چنان‌چه مردم دوباره و دوباره آمدند و خویشان و دوستان خود را برای دیدار از زرافه در گردش‌های بامدادی و شبانه‌اش با خود آوردند. انبوه جمعیت چنان بود که نیروی پلیس به تنهایی توان محافظت از زرافه نداشت و به همین خاطر از نیروی سواره‌نظام ارتش کمک خواست. افزون بر این، برای محکم‌کاری قرار شد یوسف با یک طناب دیگر به کنترل زرافه کمک کند.

جمعیت لیون، مانند مارسی نزدیک به صدهزار تن بود. اما لیون فضای وسیع اجتماعاتی چون میدان بِلوکور را داشت که پس از دو روز آگهی در روزنامه و گردش خبر دهن به دهن، در بامداد جمعه با ۳۰ هزار تن مردم مشتاق دیدار زرافه پر گشت. در میان جمعیت زنی مشهور از اهالی شهر بود که ۱۱۳ ساله بود که با شکیبایی دو ساعت بر نیمکت پارک به انتظار نشست. آقایان گالی و اسمیت مشغول آماده کردن و برانگیختن ماران

بودند. مارها پس از خوردن مفصل به رخوت رفته بودند و نیاز بود که آنها را با سیخ و ابزار خاص ماربازی تحریک کرد. می‌بایست چنان آماده باشند که با اشارت ماربازان مارزنگی از یک سو و مار بوا از طرف دیگر میدان، جمعیت را به وجد آورند.

زرافه در ساعت ۱۱ در میدان بِلوکور ظاهر شد، طبق گزارش، در آغاز ناآشفته به نظر رسید. آخر انبوه جمعیت این‌چنینی را تا پیش از پاریس نخستین بار بود که تجربه می‌کرد. گفته شد که او با آرامش برگ‌های درختان زیرفون را که در بالای سرش قرار داشتند خورد و کسانی که بسیار به او نزدیک بودند و زبان رنگین و بیست اینچی او را می‌توانستند ببینند، به شگفتی واداشت. طبق معمول، اسب‌های ملازم او از وی می‌ترسیدند، اما در آنجا علت پیش آمدن ترس مضاعف اسب‌ها ناشی از حضور انبوه جمعیت بود و هلهله‌ی بی امان‌شان. (توضیح این که) به سبب محصور ماندن میان زرافه و فشار جمعیت، یکی از اسبان وحشت کرده و زرافه درجا پرید و نگهبانانش را با خود کشید. روزنامه داستان شورش متعاقب را به گردن سربازان انداخت که «بدون این که ملاحظه‌ای نسبت به جمعیت داشته باشند، برای متوقف ساختن او به تعقیبش پرداخت. و چند تن را به زمین انداختند، که یکی از جمله آنان جناب سنت هیلاری بود.»

آن شب زرافه دوباره به گردش برده شد پس از این گردش رویداد ناگوار دیگری در میان جمعیت باقی‌مانده در میدان روی داد. روزنامه‌نگار روز بعد چنین نتیجه گرفت: «این حادثه‌ای بود که فرمانده می‌توانست مانع آن شود. زیرا ایشان که در جنجال و هیاهوی بامداد حضور داشت، می‌بایستی خطر قرار دادن اسب‌سواران میان جمعیت مشتاق که برای دیدن زرافه و سایر حیوان‌ها به میدان آمده بودند را درمی‌یافت.

در شب پس از آن که حیوان میدان بِلوکور را پشت سر نهاد، اسبی در میان جماعت پدیدار شد و به چندین نفر زخم‌های کم و بیش شدیدی وارد آورد. زرافه ساعت ۷ بامداد روز بعد عزیمت خواهد کرد.

روز بعد زرافه بر قایق روی رود سنون مسیر را طی می‌کرد، آن شنبه پس از جنجال و آشوب گذشته، بی‌آنکه پیغامی از پاریس برسد برنامه طبق آنچه طرح شده بود، انجام شد. دلیل امر هرچه بود، وزیر داخله به نامه سنت هیلاری متضمن تقاضای تغییر نقشه پاسخ نداد.

شگفت‌انگیز آنکه سنت هیلاری با بردن زرافه از لیون تا چالون از طریق رود سنون می‌خواست برای آسایش زرافه از لیون و مردم آن دوری گزید. او در نامه دوم به فرمانداری نوشته بود: «اگر من فکر نمی‌کردم که انتقالش از طریق آب امکان‌پذیر است برنامه‌ام این بود که او را از انبوه جمعیت دور نگاه دارم.»

ولی سنت هیلاری بنا به قبولی که داده بود از راه زمینی راه را ادامه داد. او ادعا کرد که زخم‌هایش در لیون بیشتر شده بودند. زخم‌هایی که می‌توانست درد نقرس و روماتیسم او را تشدید کرده باشند. او در حالی نگران زرافه بود که خود از درد رنج می‌برد. به همین خاطر سفرهای روزانه‌شان را کوتاه کرد. یک هفته با دیدن هر روزه رود سنون در سمت راست خود فکر و نظرهایش را از همه، حتا فرماندار در مارسی هم پنهان می‌داشت. ظاهراً در مدت بقیه مسافرت برای هیچ کس نامه ننوشت. هنگامی که لیون را ترک کردند یک‌شنبه دیگری بود، بیست و یک روز از وقتی که سنت هیلاری سیرک کوچک خود را به خارج از مارسی راه انداخته بود. پاریس او را نادیده گرفته بود، اما پادشاه هنوز فرصت داشت که به فونتبلو بیاید.

فصل ۱۴
وفادار به قومش

تنها بی‌مهری آشکاری که بر زرافه روا داشته شد از سوی دوشس دانگولمه همسر پسر ارشد پادشاه فرانسه بود که با آداب و تشریفات سختی که برای خودش وضع کرده بود، پادشاه را از رفتن به دیدار زرافه منع کرده بود و حتا به طور غیرلازمی سفر زرافه را طولانی‌تر کرده بود.

او شهره بود به ماری ترز، دختر سرسخت و لجوج لویی شانزدهم و ماری آنتوانت بود. برای هشت سال ازدواج والدینش بدون هیچ کامیابی گذشته بود. پادشاه در موِقع نعوظ به سبب سختی و کشیدگی غیرعادی پوسته ختنه‌گاه دچار دردی آزاردهنده می‌گشت، ازدواج پدر و مادرش تا هفت سال به وصل نیانجامید. سرانجام برادرشوهرش پنهانی به فرانسه رفت تا او را به تن دادن به عمل ختنه تشویق کند. با عمل ختنه فرانسه از آبستنی فوری ملکه به وجد آمد. اما از آنجا که امید داشت فرزندش پسر باشد تا وارث تاج و تخت شود حتی از این موضوع

هم دچار افسردگی و اندوه شد. زیرا نخستین فرزند که در ۱۷۷۸ زاده شد یک دختر بود.

در تابستان سال ۱۷۹۲ ماری ترز دختر جوانی بود که پیش از سحرگاه دهم آگوست توده‌ی انقلابیون یورش برده و نگهبانان و مستخدمان کاخ و حتی کارکنان آشپز را هم کشتند. ماری ترز که در آن زمان همراه خانواده‌اش بازداشت شده بود، هنگامی که زمستان آمد و گردن پدرش را زدند، ۱۴ سال داشت و موقعی که نه ماه بعد مادرش به گیوتین سپرده شد پانزده ساله بود.

دختر این پدر و مادر پیش از تبعید به اتریش یعنی سرزمین مادریش، سه سال در دیر پیشین زندانی بود و همین سبب شد که پاریسیان او را «یتیم معبد» بنامند. یک سال بعد برای استحکام منابع سیاسی و دیپلماتیک دودمان بوربون در سن هجده سالگی به ازدواج پسرعموی ۲۱ ساله خود درآمد. دوک بزرگترین پسر جذاب‌ترین عموِی ماری ترز بود - مردی که در اواخر زندگی‌اش انتظار نداشت که پادشاه بشود و شهره به شارل دهم.

ماری ترز نخستین نوزده سال زندگی زناشویی خود را با خانواده سلطنتی فرانسه در انگلستان در حال تبعید به سر برد. هنگامی که پس از یک ربع قرن خونریزی بین انقلابیون و امپریالیسم ناپلئون سرانجام در سال ۱۸۱۵ سلطنت به فرانسه بازگشت، مادام رؤیال سلطنتی‌ترین فرد بود. او تنها شخصیت بزرگ در تمام فرانسه بود که زرافه وارد پاریس شد. او زنی بی فرزند و چاق بود که به پنجاه سالگی نزدیک می‌گشت.

ماری ترز بسیار سلطنتی بود زیرا که نه‌تنها از سوی پدر نسبش به خانواده‌ی سوربون می‌رسید- پدر او و عمویش همه پادشاهان فرانسه بودند و همسرش که خویشاوند نسبی بود

وارث بلافصل پدر شد- اما شجره نسب مادرش به گونه‌ای پیچیده و بغرنج او را با شش سده هاپسبورک که ششصد سال سلطنت کردند خویشاوند می‌ساخت.

حساسیت او نسبت به آداب و تشریفات سلطنتی را می‌توان در رفتار او نسبت به همسرش دید و ملاحظه کرد. به هنگامی که در سال ۱۸۲۴ از بستر مرگ عمویشان لویی هجدهم دور شدند آن لحظه ناگهان شوهرش به عنوان یک پسر ارشد پادشاه فرانسه در رتبه‌های بالاتر از او قرار گرفت و برای نخستین بار در زندگیشان، چه به عنوان عموزادگان کودکی و یا به عنوان همسران بالغ، مادام رومل اجازه داد که مارشال پیشاپیش او راه برود.

چارلز فیلیپ دی باربون پادشاه فرانسه شد، چارلز که پادشاه شده بود کم‌سال‌ترین چهار پسر شاه فقید بود. هنگامی که شارل فیلیپ ده ساله بود، بزرگترین برادر و پدر و مادرش مرده بودند. پنج برادر و خواهر باقیمانده‌ی در دربار پدربزرگشان لویی پانزدهم پرورش یافتند. هر سه شاهزاده به پادشاهی فرانسه رسیدند. کوچک‌ترین خواهر و بزرگترین برادر شارل فیلیپ که لوئی شانزدهم شد، در انقلاب فرانسه سرشان بریده شد.

شارل فیلیپ در آغاز سیزده سالگی بود که انقلاب او را به تبعید راند و تقریباً شصت ساله بود که بازگشت سلطنت اجازه داد تا به فرانسه بازگردد، در ۶۷ سالگی به سلطنت رسید و هفتاد و دو سال داشت که مجبور به کناره‌گیری و بازگشت به تبعید در انگلستان شد. او بلند بالا و در تمام دوران زندگیش ظریف و خوش‌قیافه بود. در پانزده سالگی یکی از وزرای پدربزرگش که از امور سربازی آگاه بود، سعی کرده بود او را از رفتن به سربازی منصرف کند. به او گفته بود. «این کار شایسته

یک شاهزاده نیست. خود را به گونهای دیگر سرگرم کن، قرض بالا بیاور ما آنها را خواهیم پرداخت.»

اگرچه شارل فیلیپ طبق سنتهای سلطنتی با دختر یک پادشاه ازدواج کرد، اما در تمام مدت زندگی به معشوقهاش وفادار ماند. این زن، لوئیس پولاسترون نام داشت و در سال ۱۷۸۹ در تبعید به انگلستان او را همراهی کرد و به سال ۱۸۰۴ در انگلستان درگذشت. شارل سی و دو سال پس از او نیز زنده بود که آن را وقف وی کرد. در سالهای تنهاییاش ماری ترز سرای او را اداره کرد ...

شارل به هنگام سلطنت در زندگی روزانه به سادگی نظامی عادت کرد و هیچ چیزی را بهتر از این دوست نداشت که روزها در جنگل سلطنتی به طور ناشناخته به شکار خرگوش بپردازد. با پوشیدن لباس افراد معمولی و ساده فقط همراه با شکارچیها لذت میبرد از اینکه شکارچیان قاچاقچی او را به عنوان یکی از خودشان بپذیرند. او چنان غریبه دوست داشتنیای بود که زمانی از وی خواسته شد پدر تعمیدی شود. در یک مراسم تعمید که حتی کشیش او را نشناخت و وی خویشتن را لوی چارلز معرفی کرد.

**

وزیران پادشاه خبر رهسپاری زرافه از مارسی به پاریس را به وی اطلاع دادند: با انبوه شدن جمعیت و افزایش هیجان در اطراف زرافه، پادشاه زبان به شکایت برداشت که او آخرین شخص در فرانسه خواهد بود که زرافه خود را خواهد دید. دیر رسیدن پادشاه هم از برنامههای مادام رؤیال بود که استدلال میکرد در شأن و مرتبه شاه نیست که مانند مردم عادی برای

دیدن زرافه شتاب داشته باشد. به باور او دیدن زرافه‌ای که هدیه پادشاهی دون‌پایه است، نباید موجب عجله پادشاه شود.

سنت هیلاری پس از خروج از لیون هیچ پاسخی برای تقاضای تغییر مسیر و استراحت دریافت نداشت.

کاروان از طریق بورگاندی به سوی پاریس حرکت کردند. در این مسیر جاده‌ی قدیم رومی‌ها سمت راست قرار داشت و در سمت چپ سراشیب کوه‌پایه‌ها قرار داشت که لژیونرهای سزار پس از فتح گل در نخستین سده به هنگام بازنشستگی بنا کرده بودند. طی مسافتی به طول هشتاد مایل میان روستاهایی که شراب و تاکستان‌های زیبا و مجلل‌شان از امتیازات آن روز فرانسه بود، بس دل‌انگیز می‌نمود. در شالون با سربالا شدن جاده به سوی شمال غربی و دور شدن از سئون راهنوردی کند گشت. تاکستان‌ها به جنگل‌ها و خاربن‌ها می‌ماندند و چراگاه‌های سرسبز دهکده‌های دور کوهستانی در چشم‌خانه‌ی دل جا می‌گرفت. پس از لیون که مکاتبه سنت هیلاری پایان یافت دیگر یادداشت‌های شب به شب وجود نداشت. نقرس و رماتیسم دردناک سنت هیلاری اکنون با شروع ازدیاد اوره‌ی خون درآمیخته بود که موجب می‌شد هر روز هرچه بیشتر و بیشتر حامی حیوانات شود.

جلد این کتاب، نقاشی یک شاهد عینی را نشان می‌دهد که حرکت کاروان را در امتداد جاده‌های بالای کوه در دوردست‌ها نزدیک منطقه‌ی آرنی داک به تماشا ایستاده است. در بخش دیگری از تصویر جلد کتاب زرافه با مراقبت کامل همراهانش راهوار به پیش می‌رود. در همین حال سنت هیلاری یکه و تنها در گالسکه خود نشسته و پشت سرش را نگاه می‌کند. او می‌بیند که زرافه با نشاط و شادمانی گام برمی‌دارد. اکنون به منطقه‌ای رسیده‌اند که جاده از میان جنگل‌ها می‌پیچید، فراز و نشیب‌های

زیادی در مسیر وجود دارد و آبشارهای زیبایی در کنار سن کاروان را به حیرت وامی‌دارد.

نقاشی خستگی عمومی کاروان را پس از بیرون آمدن از لیون نشان نمی‌دهد. میان مردان گفتگوها و مشاجراتی رخ داد که بعداً سنت هیلاری به طور رسمی آن را به موزه و به طور خصوصی به فرمانده گزارش داد. او در گزارش رسمی از کسی نام نمی‌برد: «لازم بود که وظیفه مراقب‌ها و کارگران کاروان که از ملیت، مذهب، زبان و خصوصیات مختلفی آمده بودند، با درایت تعیین شود. زیرا می‌بایست از کارآمدی آنها استفاده می‌شد و با کاربرد هماهنگ نیرو و مهارتشان در خدمت به زرافه هدایت می‌شدند. بدیهی است مدیریت آنها در مسیری به این طولانی و تعداد زیادی آدم که هر یک اهل یک کشور هستند، کار آسانی نبود و رعایت بی‌طرفی در درگیری بین آنان بسیار دشوار بود.»

اما سنت هیلاری در نامه‌ای که از پاریس به فرماندار مارسی نوشت، مشکلات و دشواری‌های کار را بی ارتباط با رفتار بارتلمی نمی‌دانست. او برخلاف خلوص نیتی که نسبت به حسن و عطیر داشت،؛ بارتلمی را فرصت‌طلب و مجاادله‌گر توصیف کرد.

می‌دانیم که کاروان در اوکسری توقف کرد، زیرا که پسر بزرگ و بسیار نگران سنت هیلاری که ۲۱ ساله بود در گذار خود به سمت جنوب، پدر را در آنجا دیدار کرد و در ۲۳ جون به مادرش چنین نوشت:

بین راه جیگنی و اوکسری شرایط بدتر شد: او را تنها در یک کالسکه یافتم. من که هرگز گریه نمی‌کنم، دچار یک حمله و تشنج گریه شدم و به هق‌هق افتادم. زیرا وقتی دریافتم که هیچ مقامی از ورود زرافه خبر

ندارد، چنین فهمیدم که پدر تحمل سفر نداشته و به همین خاطر هم وارد اوکسری نشده است. کمی دیرتر دریافتم که زرافه در آنجاست و پس از ورود من به آنجا بی‌درنگ به اقامتگاه او رفتم: پدر در آنجا اقامت نداشت، اما من به زودی محل اقامت او را یافتم و شخصی مرا به نزد او برد. اگرچه من او را رنگ‌پریده دیدم با وجود این چنین می‌نمود که از سلامت کامل برخوردار است... هنوز وارد نشده بودم که ضرورت یافت برای صرف غذا به کافه آقای نمی‌دانم کی بروم. من در سوی دیگر میز نشسته بودم و پدرم طرف دیگر. تمام مدت احساس می‌کردم آماده‌ام برای گریه. زیرا در این لحظه تجدید دیدار و به هم پیوستن خود را این چنین از او جدا می‌دیدم و به این فکر می‌کردم که صبح روز بعد باید از هم جدا شویم.

در همین اثنا، سقوط آتن نیروهای اروپایی را به دخالت در یونان برانگیخته بود. در ۲۶ جون روزنامه‌ها گزارش کردند که فرانسه با ارسال یک اتمام حجت صلح به سلطان در قسطنطنیه با انگلیس و روس متحد شده است: «سرانجام فریادهای رنج توأم با خون یونانیان دل پادشاهان مسیحی را به رحم آورده است.» یک ناوگان مشترک کشتی جنگی و میانجی‌های اروپا رهسپار یونان خواهد شد. آنها می‌رفتند تا هم نیروهای اروپایی را تقویت کنند و هم در صورت لزوم بتوانند در مذاکره صلح میانجی‌گری کنند.

هنگامی که فرانسه و بقیه اروپا نسبت به اخبار جنگ صلیبی علیه ترکیه واکنش نشان می‌دادند، زرافه و کاروان در منطقه‌ی سن واقع در مونترو به هم برخوردند. جایی که آنها بر خلاف

امیدواری سنت هیلاری برای ورود به کاخ به سمت خاور نپیچیدند.

با طی سی مایل در دو روز، به اندازه کافی به شهر پاریس نزدیک شده بودند که ماری هنری بیل یکی از دوستان سنت هیلاری که شهره است به استندال، توانست مقدمات یک مهمانی روی آب را فراهم کند تا از نزدیک زرافه را ببینند. در روز شنبه ۳۰ جون آقای هنری و گروه زنان جوانش در حالی که او از دخترخوانده همکار و رقیب بزرگ سنت هیلاری خواستگاری می‌کرد، سوار بر قایق به آهستگی و تفریح‌کنان بر سن به طرفی می‌راندند که انتظار می‌رفت سنت هیلاری در شب بدانجا وارد شود. اما کاروان یک روز از برنامه جلو بود و ساعت ۵ بعدازظهر وارد پاریس شده بود.

***

مسافرت از لیون تا پاریس بیست و یک روز وقت آنها را گرفته بود که شامل یک روز استراحت‌شان هم بود. پیش از آن، چهارده روز از ۱۷ روز مسافرت از مارسی تا لیون را طی کرده بودند. در مجموع، با هفت روز استراحت بین راه، زرافه ۵۵۰ مایل میان مارسی و پاریس را در ۴۱ روز طی کرده بود. سنت هیلاری پیش از رسیدن به لیون حرکت کاروان را آهسته کرده بود، اما در تمام طول مسافرت، زرافه به طور متوسط هر روز شانزده مایل راه پیموده بود.

هنگامی که آنها به پاریس رسیدند، تنها گزارش رسمی و دوست داشتنی سنت هیلاری قابل توجه بود:

در طی سفر سلامتی حیوانات به هیچ روی تغییر نکرد برعکس به میزان قابل ملاحظه‌ای تقویت گشت.

یک بز کوهی در لاپالو زایید و بزغاله مسافرت را به خوبی تاب آورد.

اما عمدتاً زرافه است که به نحو شگفت‌انگیزی از مسافرت سود برد. او وزنش بالا رفت و بر نیرویش افزوده شد. در موقع ورود به آنجا عضلاتش مشخص‌تر، پوستش نرم‌تر و براق‌تر از موقعی بود که در مارسی بودند. در حال حاضر قد زرافه حدود سه متر است همچنین در طی سفر از اعتماد بیشتری برخوردار شد. او دیگر از آشامیدن در حضور بیگانگان امتناع نمی‌کند و خشنودی او از بازی با بزغاله گواه بر این است که او به همان اندازه خوش‌مشرب است که با هوش.

فصل ۱۵

میزان خوشحالی

زرافه به طور موقت در مرغزاری واقع در باغ شاهنشاهی که سرانجام در سال ۱۸۴۸ با فروپاشی سلطنت، آن را باغ گیاهان نامیدند، اسکان گرفت.

شاه ۹ مایلی از او دور بود، او در کاخ واقع در سنت کلو که به پاریس مشرف بود ساکن بود. شاه میل داشت زرافه‌اش را ببیند. به همین خاطر هم دستور لازم برای گارد شاهنشاهی صادر شده بود تا مقدمات اسکورت و همراهی او تا باغ شاهنشاهی صادر شده بود.

سنت هیلاری در گزارش رسمی خود نوشت که سلامت خودش به هیچ وجه نزدیک به تندرستی خوب زرافه نیست: «در مواجهه با وظایف بسیار و گوناگونی آن‌ها، من سرانجام مغلوب خستگی زیاد شدم. نزدیک به پایان سفر به یک بیماری شدید مبتلا گشتم.» او برای فرمانده این بیماری را یک یبوست توصیف کرد. به فرماندار نوشت که سخت شدن دفع مدفوع چنان که هفته‌ها برای بازیابی سلامتی‌اش وقت نیاز داشت.

اما برای مادام رویال نه اشتیاق شاه اهمیت داشت نه بیماری سنت هیلاری و حتی نه این حقیقت که زرافه ۵۵۰ مایل راه پیموده بود. سنت هیلاری چنین می‌نویسد: "دیدگاه ملکه در مورد زرافه به‌کلی متفاوت بود. او بیشتر به سلامت شاه فکر می‌کرد و تصمیم نداشت خود جایگزین او شود. ایشان به باغ شاهنشاهی آمدند و پس از گفتمانی طولانی با من تصمیم گرفتند که دیدار شاه و زارافه چگونه باشد. بنابراین برنامه‌ی سلطنتی تغییر یافته: در بامداد دوشنبه ۹ جولای زرافه می‌بایستی از میان شهر به سوی پارک شاهشاهی حرکت کند و شاه او را در آنجا پذیرا خواهد بود.

در آنروز جمعیت خیابان‌ها را پر کرده و هنگامی که سنت هیلاری و همکاران موزه‌ی بارتلمی، یوسف، عطیر و حسن با اسکورتی از سواران سلطنتی زرافه را در امتداد پاریس برای دیدار شاه هدایت می‌کردند، جمعیت آنها را تعقیب کردند. روزنامه آمازیش این واقعه را چنین شرح می‌دهد.

«روز گذشته، در ساعت ده صبح، زرافه که ساعت ۶ بامداد پاریس را پشت سر نهاده بود، به محوطه بیرون پارک شاهنشاهی وارد شد. جمعیت پرشماری از کنجکاوان همراه او بود.

یک هیأت نمایندگی مرکب از آقایان سنت هیلاری و رئیس تشریفات دربار و همه اعضای اداره باغ سلطنتی برای نشان دادن حیوان به شاه و توضیح عادت و خصوصیاتش به پادشاه، زرافه را همراهی کردند. هیأت نمایندگی افتخار این را یافته بود که پیش از ماه می توسط عالی‌جناب وزیر امور داخله به شاه معرفی شود.

نیمروز بود که شاه، ولیعهد، و شاهزاده خانم فرانسه به همراه وزیر دربار، از کاخ بیرون آمدند. آقای سنت هیلاری افتخار این

را یافت که زرافه را تقدیم کند به پادشاه. او علاوه بر هدیه
پاشای مصر رساله‌ای که خود نوشته بود را به شاه تقدیم کرد.

اعلی‌حضرت میل داشت راه رفتن این چهارپای استثنایی
عجیب و غریب و خارق‌العاده را مشاهده کند. همه‌ی دربار
حضور داشت و خرامیدن او مخصوصاً دویدنش کاملاً خارق‌العاده
به نظر می‌رسید. شاه بیش از نیم ساعت از آکادمی علوم طبیعی
پرسش کرد. اعلی‌حضرت از پاسخ‌های سنت هیلاری بسیار
راضی به نظر می‌رسید و تصمیم گرفت که همه رضایتش را به
او نشان بدهد.

زرافه در ساعت سه به پاریس بازگشت جایی که در آنجا در
امن و امان با ملتزمان خود ساکن بود. جمعیتی از کنجکاوان در
تمام طول راه به باغ سلطنتی او را دنبال می‌کردند.

با به حساب نیاوردن نمایش عمده یورتمه رفتن زرافه، یک
روز ۱۸ مایلی بود. -ساعت ۶ صبح تا ۷ بعدازظهر- طولانی‌تر از
هر یک از ۳۴ روز مسافرتش از مارسی، و البته سنت هیلاری به
فرمانده مطالب بیشتری را باز می‌گوید.

«من خود را به باغ شاه کشاندم و با توجه به
دردهایم، از آنها پرسیدم چه باید بکنم- آیا پیش بروم،
یا بازگردم- در همین احوال به ایده و فکر جدیدی
دست یافتم؛ من با سران قوم مواجه شدم و به نظر
می‌رسید که می‌توانستم درخواست حضور بدهم. همه‌ی
بار ملاقات رسمی بر دوش من افتاد و می‌شد آن را به
اتفاق برخی همکارانم که همه حاضر بودند انجام داد.
اما پادشاه که مدام مرا مورد توجه قرار داده یک ساعت
تمام تنها با من سخن گفت و در واقع لذت برد از
جزئیات طرح و ایده‌های سازماندهی کار حیوانات که
من در پاسخم به شاه ارائه کردم. ایشان در مورد

چگونگی آغاز مأموریتم از من سؤال کرد و این پرسش این فرصت را در اختیار من قرار داد که با شاه صحبت کنم و من مراتب احساسات فراوان خود که در مارسی بدان مفتخر شدم به آگاهی وی رسانیدم. در طی این دیدار زرافه دلپذیرترین حرکاتی که در توانش بود، نشان داد... شاه می‌خواست در مورد نگهبانان زرافه بداند. من نظرش را متوجه حسن کردم که قبلاً یک زرافه نر را به قسطنطنیه برده بود؛ و به عطیر سیاه‌پوست که پیش از این سرباز دروتی بوده است.

شاه به دیدار وزیر امور داخله رفت تا به او دستور دهد که در آن شب ۲۰۰۰ فرانک برای حسن ۱۰۰۰ فرانک برای عطیر بفرستند و این کار با رضایت فراوان هر دو انجام شد (اجرای این کار هر دو را بسیار خشنود می‌ساخت. از دو نگهبان دیگر، بارتلمی و یوسف پسر سیاهپوست، در ۱۲ جولای به وسیله اداره باغ سلطنتی تشکر خواهد شد. اداره باغ سلطنتی وسایل کافی برای بازگشت آن دو به مارسی را بدانها اختصاص خواهد داد. پیک رساله‌ای را که برای شاه نوشته‌ام و تنها ۳۰ نسخه از آن چاپ شده است را برایتان خواهد آورد. هنرمندان من سخت مشغول کار نقاشی زرافه‌اند.»

و چنین بود که زرافه وارد پاریس شد. در راه از مارسی تا پاریس، هر جا و در هر روستایی که قرار بود زرافه از آن عبور کند، به یاد گذشتن او، خیابان‌ها و میدان‌ها به نام زرافه نام‌گذاری شده بودند. حتی میخانه‌ها و کاروانسراها که در مسیر او نبودند نام او را بر خود نهاده بودند، چنان که مالکان ایالتی سراسر فرانسه که یا چیزی درباره‌ی او شنیده یا در باغ وحش

پاریس دیده بودنش، به خانه رفته و سازمان خود را دوباره نامگذاری کرده بودند.

زرافه پس از تحویل گرفته شدن توسط پادشاه در باغ سلطنتی در معرض تماشا و نمایش روزانه گذاشته شد. در سه هفته‌ی آخر جولای ۱۸۲۷ شصت هزار تن به دیدن او آمدند. او به زودی موضوع آهنگ‌ها و موسیقی، اشعار و نمایشنامه‌ها و هجویه‌های سیاسی بی‌نام قرار گرفت که سانسور مطبوعات توسط شاه را به نقد کشیده بودند. زرافه بر خلاف اقامت کوتاه خود در لندن، که مورد استهزاء ژورنالیستی شد. پاریس او را می‌ستود.

بچه‌هایی که در پارک‌های پاریس بازی می‌کردند نان زنجبیلی زرافه‌ای می‌خریدند. مادران‌شان زلفان خویش را به شکل زرافه درمی‌آوردند که چندان بلند بود که در موقع سوار شدن مجبور بودند کف کالسکه بنشینند. مجله زنان و مد،گزارش کردند «یک گردنبند زرافه نشان، نواری کوچک که از آن آویزان است، یک قلب صورتی، یا حتا بهتر، یک قوطی کوچک به شکل حرمسرا و طلسمی که در باغ سلطنتی آن زرافه دیده شده بود.

شیک‌ترین رنگ‌های فصل و مد سال؛ «شکم زرافه»، «زرافه عاشق» و «زرافه در تبعید» بودند. مردان کلاه و کراوات زرافه‌ای می‌پوشیدند و می‌بستند و یک مجله مد روز بستن کراوات زرافه یک آقا را ترسیم کرد.

شوریدگی زرافه همه جا بود- در پارچه؛ و کاغذدیواری‌ها، ظروف سفالی و پارچه‌های کوچک، صابون، مبلمان، درخت‌آرایی، همه جا خال‌های مشخص یا شکل بلند گردنش می‌توانست به کار گرفته شود. چنگ کلاوی جدیدالاختراع زرافه

نام گرفت. آنفولانزای آن زمستان «ویروس زرافه» بود؛ مردم از بیماران می‌پرسیدند: «زرافه چطور است؟»

در آن روزها یکی از همکاران سنت هیلاری، که طبیعی‌دان بود، در زندان دامداران پاریس به سر می‌برد. و از دادگاه تقاضا کرد- «به نام دانش»- برای او اجازه‌ی مخصوص صادر شود تا زرافه را ببیند. که تقاضایش رد شد. اما سقف زندانش بر مرتفع‌ترین نقطه باغ سلطنتی مشرف بود و دوستانش در موزه ترتیبی دادند که از آنجا بتوانند با دوربین زرافه را مشاهده کنند.

حسن تا پایان ماه اکتبر در پاریس باقی ماند. او در راه بازگشت سفرنامه سنت هیلاری را به فرمانده در مارسی رسانید:

حسن با ۲۰۰۰ فرانک هدیه پادشاه فرانسه ما را ترک می‌کند... با دقت و مراقبت با او رشد کرده‌ایم و او شایسته توجه ما بود. زیرا که او با صداقت و وفاداری با حیوانات رفتار می‌کند. او در حالی عزیمت می‌کند که از نظر جسمانی در وضع بدی است و فکر می‌کنم، در وضع حاد افسردگی باشد. خداوند به هر صورت بر وی ترحم خواهد کرد. ما ۲۲۶ فرانک به دادیم. یک فرانک برای هر روز بازگشتش به تولون! ممنون خواهم بود اگر شما تأیید کنید. یادتان هست که پیش از این به او قول داده بودیم که توشه راهش را تأمین خواهیم کرد؟

عطیر با زرافه ماند، و هر دو با هم در یکی از پنج شاه‌نشین دوطبقه نورانی و شش گوشه سکنی گزیدند. ساختمان که به شکلی ممتاز ساخته شده بود در ۱۸۰۵ به عنوان یک استثنا به اتمام رسیده بود.

نکته دیگری که زرافه را به ناپلئون پیوند می‌داد، راه‌اندازی جایزه‌ای در سال ۱۸۰۲ از طرف او است. جایزه‌ی کسی که

بتواند بهترین طرح آریستوکراسی دولتی را برنامه‌ریزی کند و شکل آن به صورت صلیب بود که خودش طراحی کرده بود.

«بنا بر شرحی که سنت هیلاری به فرمانده نوشت کف "آپارتمان زمستانی" زرافه با پارکت مفروش و دیوارهایش با موزائیک ظریفی ساخته شده‌اند و با حصیر پوشانده شده بود. درهای دولنگه رو به بیرون وارد شدن به اندرونی ساختمان را فراهم می‌کرد. اندرونی در صورت لزوم به وسیله بخاری و حرارت بدن دیگر حیوانات گرم می‌شد. "این حقیقتاً خلوتگاه یک خانم کوچولو است ..." عطیر به وسیله نردبان به اتاق خود وارد می‌شود... دو شخصیت یعنی زرافه و عطیر در بلندای سقف بلند به طور سر به سر یکدیگر را ملاقات می‌کنند.»

عطیر بسیار لذت می‌برد از شهرت خود به عنوان نگهبان زرافه که هر روز او را به تماشاگران نشان می‌داد و سپس در حضور عام تیمار می‌کرد. او با قشویی که به دسته درازی وصل می‌بود زرافه را تیمار می‌کرد. این تشریفات افتخارآمیز اما سخت، بخشی از زندگی روزانه مردم پاریس شد و حتا برایش ضرب‌المثل ساختند. ضرب‌المثلی که با میلی در مورد زرافه استفاده می‌شد: «یا این کار بکن و یا زرافه را قشو کن».

پس از مدت زیادی که از رفتن عطیر و زرافه می‌گذشت، آنها هنوز در یاد و خاطر و گفتار کسانی که آنها را دیده بودند، زندگی می‌کردند. گوستاو فلوبر به هنگام ورود زرافه به فرانسه چهار ساله بود؛ در کودکی او از سرزمین بومیش به پاریس رفت و زرافه را در باغ شاه دید؛ بیش از سی سال بعد در نامه‌ای به دوست خود ژرژ ساند نوشت که خستگی من همان قدر بود که خستگی ترک‌ها از زرافه.

سنت هیلاری از اعتبار و آوازه دیگر عطیر به عنوان «آقای خانم‌ها تفریح می‌کرد»در گزارشی به فرمانده چنین نوشت: «او

یک شوالیه واقعی فرانسوی است که خوش شانسی هم یاورش است؛ او موجب گفتگو می‌شود؛ زیرا مادام دئوشس دو بری از من می‌خواست که پاره‌ای از رویدادهایی که عطیر موجب آن بود را برایش گزارش کنم. در میان شاهدخت‌ها این گونه چیزها از یک گوش وارد اما سریعاً از گوش دیگر خارج می‌شود.»

دیگر موضوعات برجسته شگفت فرانسه در آن تابستان مشتمل بود بر نهنگی که در ساحل بلژیک به ساحل افتاده بود و در پاریس، شش سرخپوست آمریکایی که یک روزنامه ماجرای‌شان را چنین گزارش داد:

سرکرده‌ای به نام سلطان کوچک که شهره بود به خدای خون با رفتارهایش در چند نبرد خود را مشهور ساخته و در چند پیکار پوست از سر فرمانده‌های دشمن کنده بود که از آنها یک مجموعه درست کرده است. ظاهراً به نظر می‌رسد یک شجاع جوان به نام روح سیاه معتمد او است. هنگامی که وحشیان میسوری به لوهور وارد شدند ... مردم گرد آمدند و غوغایی بر پا شد که هیچ دست کمی از تماشای نخستین مرتبه زرافه نداشت. بد قیافه‌های دلاوران سرخپوست بالنسبه نگران بودند و به نظر می‌رسید که نمایش زرافه زیاد مورد توجه آنان نبود، زنان سرخپوست رفتار بهتری داشتند و به نظر می‌رسید که بیشتر مراقب باشند. هنرپیشه‌هایی دیده می‌شدند که روی لباس‌های خود را نقاشی می‌کردند — بدون تردید لباس‌ها را به پاریس ارسال می‌کردند و معتقد بودند که به زودی مد روز جهان خواهند شد.

در پاریس، سنت هیلاری یورش سرخپوستان به زرافه را چنین توصیف کرد: «ما به تاخت و تاز تهدید شدیم، اما آنها را

راضی کردیم. اکنون نگاه سرخپوستان خشمگین است، اما زرافه همچنان مورد عشق و علاقه بسیار است»

انوره دوبالزاک (که داستان باباگوریوی خود را به دوستش سنت هیلاری، پیشکش کرد یکی از خواستگاران زرافه بود و نوشته‌ای با این عنوان منتشر کرد: «مباحثه زرافه با رئیس سرخپوستان درباره فرصت دیدار آنها در باغ سلطنتی. در آن آگوست چهل هزار تن برای دیدن زرافه بلیط خریدند. صدهزار تنی که در جولای و آگوست از زرافه دیدار کردند نماینده یک هشتم جمعیت پاریس بود.

این رقم و افزایش روزانه‌ی آن قابل سنجش نیست. تابستانی هم که می‌گذشت بهتر از هر جای دیگر دنیا بود. در لیون یکی از مارانشان مرده بود، ماری که یکی از انگلیسی‌های سرمایه‌گذار متهم به مرگ آن شده بود. همین امر موجب شده بود مباشران انگلیسی روز تعطیل خود را به تأخیر اندازند تا به مردم اجازه داده شود جانور را به گونه‌ای ببینند که به هنگام حیاتش غیرممکن است، و به غیرحرفه‌ای‌ها فرصت داده شود این خزنده‌ی ترسناک را بدون خطر مورد مطالعه قرار دهند.»

در پایان جولای به آقایان اجازه داده نشد به سویس وارد شوند. رئیس بخش دادگاهی حکم کرد که هدف مسافرتی آنان با مارهای‌شان «تنها خدمت به سفته‌بازی و ارضاء کنجکاوان بیهوده جامعه است که زوال به دنبال خواهد داشت. حکم دادگاه همچنین استدلال می‌کرد که مار زنگی «کوچک است و اگر فرار کند می‌تواند به آسانی پنهان شود، زنده بماند و در منطقه تکثیر شود.»

***

در ششم جولای، در هفته ورود زرافه به پاریس و سه روز پیش از پذیرش او توسط شاه در باغ شاه، نیروهای اروپایی پیمان خود بر علیه محمدعلی و ترک‌ها را امضاء کرده بودند. هنگامی که کشتی‌های متفقین در راه یونان بودند، دروتی دوباره با مأموریتی از سوی محمدعلی رهسپار پاریس شد: نایب‌السلطنه که می‌خواست خود را از اربابان ترکش جدا کند، پیشنهاد می‌کرد که نیروهای‌شان را از یونان خارج کنند تا او بتواند در هم‌پیمانی با اروپایی‌ها علیه سلطان وارد جنگ شود.

در تصادفی شگفت‌انگیز (هر تصادفی که به زرافه مربوط می‌شود، و به نظر می‌رسد که دروتی در ترتیب دادن آن بسیار توانا بوده است) هنگامی که مشاور عالی از مصر وارد شد، پاریس در اوج جنون زرافه بود.

مأموریت سیاسی دروتی بیهوده بود. علی‌رغم پیشنهاد نایب‌السلطنه به تغییرات در ماه آگوست ناوگان او برای تقویت ارتشی که به وسیله پسرش در جزیره یونانی فرماندهی می‌شد، رهسپار یونان گشت. در اوایل سپتامبر سلطان اولتیماتوم میانجی‌گری اروپاییان را رد کرد و به جنگ ادامه داد. در ناوارینو پسر محمدعلی که ریاست ستاد را بر عهده داشت، تقاضاهای متفقین را برای توقف جنگ و آتش‌بس را نپذیرفت. در بیستم اکتبر مجموعه‌ی نیروی دریایی اروپایی به بندر وارد شدند و ناوگان مصری را نابود کردند. عملیات در حدود ساعت دو و نیم بعدازظهر آغاز شد، در ساعت ۶ اروپاییان بدون هیچ خسارتی پیروز نبرد بودند ترک‌ها سرانجام یونان را از دست داده بودند.

اما دروتی برای خود خیلی خوب کار کرد. در دیدار با عطیر و زرافه، او از مشاهده جمعیت در باغ لذت برد و به سنت هیلاری در مورد تاریخ و پرسودترین موفقیت آن تبریک گفت. در برابرِ سنت هیلاری و همکارانش در موزه به این بزرگی اذعان

کرد که احساس می‌کردند علم مدیون است به دروتی به خاطر
این زرافه «که قدرت و سلامتش جای هیچ گونه شکوه و
شکایتی نبود»

و دروتی با فروختن دومین کلکسیون عتیقه مصری که به
تازگی گردآوری شده و اتفاقی با ورود زرافه به پاریس مقارن
بود، نظر شاه را به خود جلب کرد. شامپو لیون از سوی موزه
لوور با یک توصیه معتبر این خرید را تضمین کرد. مدت تأدیه
کل پرداخت بهای گزاف که پس از ارزیابی کارشناس
نمی‌توانست از ۱۵۰ هزار فرانک تجاوز کند، ظرف سه سال
بعدی تعیین شد. در همین دوران هم دروتی از مقام کنسول
جنرال فرانسه در مصر بازنشسته شد.

در آن پاییز دروتی با پیروزی ثروتمندانه به اسکندریه
بازگشت، در حالی که تصویر زرافه قاب شده در قابی بسیار
ارزشمند را به عنوان یک یادگار از سنت هیلاری و موزه برای
نایب‌السلطنه با خود حمل می‌کرد. سنت هیلاری همچنین
آخرین نسخه‌ی سه‌گانه رساله خود درباره‌ی زرافه را به دروتی
داده و در آن توضیح داده بود که اثر مزبور را به عنوان یادگار
می‌فرستد. یادگار برای مردم مصر و همه‌ی کسانی که خواندن
می‌دانند. گفته شد که این یادگار شاید نه برای یک پاشا که
چیزی نمی‌خواند، بلکه ممکن است برای همه مصری‌هایی باشد
که با داشتن آن شاد و خشنود می‌شوند.

***

اعمال سانسور شدید بر مطبوعات در ۱۸۲۰ از سوی شارل
دهم به حوادثی سرعت می‌بخشید که او را به کناره‌گیری مجبور
ساخت. وقایعی مانند تشریفات نا لازم، پذیرش زرافه و سنت
هیلاری را به پیمودن غیر لازم هجده مایل جلو و عقب در

امتداد پاریس وادار ساخته بود. پس از کنارگیری شارل دهم به همراه خانواده و همکاران دربار عازم تبعید به انگلستان شد.

یکی از تبعیدیان وزیر امور خارجه بود که پرداخت مخارج زرافه در فرانسه را رد کرده بود. این مرد اشرافی که قبلاً یک ژنرال بود، همچنین در مقام وزیر جنگ لوئی هجدهم خدمت کرده بود. در بریتانیا او معلم آخرین شاهزاده فرانسه، کوچولوی شش ساله شد که زرافه را در بیرون کاخ دیده و هرگز شاه هنری پنجم نشد.

علیرغم ناتوانی نا بهنگام سیاسی شارل دهم برای مصالحه، رعایای پیشین وی برای دوران کوتاه فرمانروایی‌اش احساس دلتنگی می‌کردند. پس از کشتارهای انقلاب و نبردهای ویرانگر ناپلئون، این بازمانده سالمند خوش قیافه در روزگاران بهتری زمامداری کرده بود. روشنفکری فرهیخته بود که شهره شده بود به مرد خیابان‌گرد. برای مدت زمانی، تنها زنده ماندن، برایش به اندازه کافی مجذوب‌کننده بود. او مدت زمانی صرف زنده ماندن کرد و در همین دوران از جذبه و کشش کافی برخوردار بود. توده‌ها برای خونریزی نمی‌آمدند، بلکه هیجان‌زده بودند از دیدن «وحشیان میسوری» یا یک زرافه و عرب‌هایش.

پس زمان آن بود که شاه به شیوه کهن فریبنده باشد. قهرمانی برای رعایا که از زندگی لذت ببرند. زمان‌هایی حتی برای وقایع‌نگار شکوه ناپلئون و وارستگی‌اش، گزارش مجدد قایقرانی روزانه به سمت بالای سن یا قایقی انباشته از زنان جوانی که دلشان برای زرافه تنگ می‌شد اما خوشگذرانی‌های معمول خود را داشتند، کار اصلی شده بود.

استاندال با ناگواری تن داده بود به تبعید خود. با مرگ ناپلئون در ۱۸۱۴ خود را تبعید کرده بود و در وضع ناگواری به سر می‌برد. در ۱۸۲۱ ناپلئون درگذشت و استاندال به وطن خود

فرانسه بازگشت. هنگامی که دهه ورود زرافه با سقوط یک شاه دیگر فرانسه پایان یافت، بناپارتیست مادام‌العمر و استاد خودشناسی ادبی می‌نویسد: «احتمالاً سده‌ها طول خواهد کشید تا بقیه‌ی اروپا به آن درجه از خوشبختی برسد که فرانسه زیر فرمانروایی شارل دهم».

***

سنت هیلاری تندرستی خود را بازیافت و در سال ۱۸۳۹ هنگامی که زرافه دومی برای همدمی زرافه به باغ وارد شد، وی در آنجا حضور داشت.

به سال ۱۸۴۱ سنت هیلاری پس از چهل و هفت سال خدمت به عنوان حیوان‌شناس و بنیان‌گذار موزه، بینایی خود را از دست داد. به سال ۱۸۴۴، درست پیش از انقلاب تابستان و در اوج دشواری سفر با زرافه، سنت هیلاری در هفتاد و دو سالگی چشم از جهان فروبست. ده‌ها سال پس از تجدید دیدار او و پسرش، آن پسر مراسم تشییع پدر را بدین سان توصیف کرد:

«این مراسم دوستداران دانش و مردم را بسیار تحت تأثیر قرار داد. این مراسم بیشتر از آنکه مراسم تشییع باشد، تقدیس یکی از افتخارات کشور ما بود ... با شکوه‌ترین تجلیل فرانسه از یک نابغه.»

این نکته عجیب است- به احتمال معلوم نبوده که خانواده سنت هیلاری درباره‌ی دشواری‌های کار با زرافه چگونه احساسی داشتند- که در شرح‌حال پسر سنت هیلاری اشاره‌ای به زرافه نشده است.

سخن آخر

هنوز دسته‌های لک‌لک مهاجر معبد لوکسور را دور می‌زدند که نشانه‌ی جاودانگی در خط سیر سفرهای شش ماهه آنان به اروپا است. هنگامی که زرافه و مصاحبش در بهار سال ۱۸۲۶ با قایق از کنار معبد می‌گذشتند، دو ستون هرمی شکل سنگی در مدخلش وجود داشت. اکنون می‌دانیم که خط میخی حک شده بر ستون‌ها حکومت رامسس دوم را نشان می‌دهند. «ارباب همه سرزمین‌ها خاک پای تو اند» و اینکه ارتفاع مخروطی آنها نشان دهنده پرتوهای خورشیدند که نمی‌تابد بلکه از نوک‌های تیزشان به سوی زمین جاری می‌گردد. دو ستون سالیان متمادی در معبد لوکسور بودند در حالی که شن بیش از سه هزار سال در اطراف آنها بالا می‌آمد، ممکن است موسا هم آنها را دیده باشد.

پس از هفته‌ها حفاری، نخستین روز نوامبر ۱۸۳۱، مهندس‌های فرانسوی در ۲۵ دقیقه ستون غربی را پایین آوردند.

محمدعلی در اصل ستونی در اسکندریه را به فرانسه هدیه داده بود. (ستونی به نام سوزن کلئوپاترا که اکنون در سنترال پارک نیویورک قرار دارد.) اما شامپی لیون با دیدن ستون‌های

شکوهمند لوکسور در ۱۸۲۹ به دروتی چنین نوشت: «آیا تا کنون فرمان پروژه‌ی نابودی ستون‌ها در اسکندریه را اجابت کرده‌اید؟ امیدوارم این نامه به موقع به شما برسد تا آنکه به پاریس پیشنهاد بهتری بدهید. به جای اظهار تاسف بهتر است یکی از ستون‌های لوکسور در جهان باشد و فرانسه شایسته داشتن آن است. ارزش این ستون بسیار بیشتر از تو و حتا شخص وزیر است.»

مانند زرافه، ستون لوکسور هم از همنشین خویش جدا شد و به پاریس ارسال گشت. محمدعلی اعلام داشت: «من کاری برای فرانسه نکرده‌ام اگر فرانسه برای من کاری نکرده باشد. اگر من آثار یک تمدن باستانی را به او داده‌ام، این در عوض تمدن نوینی است که او در شرق بنیاد نهاده است. امیدوارم که ستون سالم به فرانسه برسد و تا ابد نماد رابطه بین دو ملت باشد.

شامپا لیون یک سال پیش از ورود ستون به پاریس در ۲۳ دسامبر سال ۱۸۳۳ که می‌بایستی چهل و سومین سالگرد تولدش بوده باشد درگذشت. ستون به مدت ۸ ماه بر عرشه کشتی لوکسور که با سرعت ساخته شده بود ماند. این کشتی قرار بود ستون را در سفر طولانی نخست به سفلای نیل بیاورد، به پهنه‌ی دریاهای بین‌المللی برسد و سرانجام به سن در فرانسه. در آگوست ۱۸۳۴ ستون در بارانداز پیاده شد، جایی که به مدت دو سال دیگر همچنان بر زمین باقی ماند. در ۲۵ اکتبر سال ۱۸۳۶ اثر تاریخی باستانی در میدان کنکورد پاریس جایی که در دوران انقلاب گیوتین برپا بود، نصب شد. سرانجام با کنکاش بیشتر در مورد مجسمه‌ها، نوشته‌هایی در اطراف پایه آن پیدا شد. که مراسم پر سروصدای سلام بامدادی مردم را مراسم مقدس خدای نویسندگی مصر باستان نشان می‌داد. — چند بابون، که نوعی عنتر دم کوتاه است همراه ستون به پاریس

فرستاده شدند، اما لویی فیلیپ آخرین پادشاه فرانسه آنها را برای یک بنای یادگاری نامناسب دانسته، آنها را به موزه‌ی لوور سپرد. در عوض، خرس‌هایی که با کنده‌کاری و طلاکاری روی آن‌ها هر بیننده‌ای را مجذوب خود می‌کرد و نشان می‌داد چگونه ستون‌ها در مصر باستان نصب شده‌اند را نزد خویش نگاه داشت.

لویی فیلیپ با فرستادن یک برج ساعت سه طبقه تزئین شده که از هنگام ورود به قاهره هیچ وقت کار نکرده است، هدیه محمدعلی را جبران کرد. هدیه‌ای بی‌فایده اما با این همه به طور نمادین جانبداری محمدعلی از فرانسه را نشان می‌داد. این برج ساعت تمایل قلبی محمدعلی، رجحان فرانسویان و همه کارهایی که برای یاری رساندن به انجام شده بود را نشان می‌داد. به همین خاطر هم دستور داد مسجدی عظیم بنا کردند و برج ساعت را در آن نصب نمودند که بنای یادبود خودش شد. در حالی که دیدار کنندگان ستون لوکسور واقع در میدان کنکورد در نزدیکی باغ شاه به شدت زیاد می‌شود، «ساعت نان زنجبیلی» در رقابت با نماد هلال ترکی استانبولی در میان مناره‌های مقبره بربرهای کهن دور از دید مردم، قرار دارد.

***

محمدعلی در سال‌های ۱۸۳۰ سوریه را فتح کرد و دیگربار دشمنی‌های خود علیه حکمرانان عثمانی را شروع کرد. در سال ۱۸۳۹ در اوج بود و یکی از شخصیت‌های بین‌المللی. در همین حال که یک لشکر با فرمانده سیوس توانست سپاهیان ارتش ترکیه که توسط آلمانی‌ها تربیت شده بودند را شکست دهد نیروهای ویژه سلطان خود را برای یورش به قسطنطنیه آماده

کردند. اما نایب‌السلطنه که نمی‌خواست بدون اطمینان از پشتیبانی فرانسه خصومت اروپا را برانگیزد تأملی کرد. زیرا بیم آن داشت که این حرکت تبدیل به بحران جهانی شود و نتیجه‌اش جنگ بین فرانسه و بریتانیا باشد. در ژوئن سال ۱۸۴۰ فرانسه از جنگ با فرانسه بر سر مصر خودداری کرد و ناگزیر شد با روسیه بر علیه نایب‌السلطنه متفق گردد. محمدعلی بدون پشتیبانی فرانسه که سال‌ها برای آن سرمایه‌گذاری کرده بود و روی آن حساب می‌کرد . زرافه و ستون لوکسور بخش‌هایی از آن تلاش بودند- ناگزیر شد که آموزش‌های ارتش توسط فرانسوی‌ها را کاهش دهد و سوریه را در برابر حفظ قدرت به طور موروثی در مصر واگذارد.

سرهنگ سیوس که در کودکی والدینش او را طرد کرده بودند، برای نایب‌السلطنه به منزله یک پسر بود. او به اسلام گروید، نام سلمان پاشا بر خود نهاد، در خدمات نظامی به محمدعلی، ثروتی اندوخت و هرگز به میهن خود بازنگشت فلوبر به سال ۱۸۴۹ او را در اسکندریه ملاقات و به عنوان «نیرومندترین مرد در مصر و مایه وحشت قسطنطنیه» توصیف کرد.

نزدیک‌ترین متفق محمدعلی برای چهل سال به سال ۱۸۴۴ در بازنشستگی غم‌انگیزی مرد. در قاهره تشییع جنازه‌اش فوری، ساده و بی‌تکلف بود. اما محمدعلی که در اسکندریه از خبر تشییع جنازه و دفن دوستش بدون تشریفات آگاه شده بود خشمگین گشت. در نامه‌ای که وی خطاب به فرماندار قاهره نوشت، ضمن توهین و تهدید بسیار امر کرده بود که گور سرهنگ سیوس را نبش کرده و جسدش را دوباره با تشریفات کامل نظامی به خاک بسپارد. این نامه با واژه‌های «الاغ، حیوان» خطاب به فرماندار قاهره نوشته شده بود.

محمدعلی پس از مرگ زرافه در ۱۸۴۹ درگذشت. او در پایان عمر در سالخوردگی، چنان که گفته شد، بر اثر نیترات نقره که برای معالجه اسهال مزمنش مصرف می‌کرد، مرد. با این همه چنان که آغاز زندگی‌اش و حرمسرای معروفش با بیش از ۸۰۰ زن را در نظر بگیریم، این مرگ می‌توانست ناشی از جنون سیفلیسی بوده باشد. در ۱۸۲۵ بویر گزارش کرده که نایب‌السلطنه غالباً هر از چندی به مدت سه یا چهار روز در حرم ناپدید می‌شد. «او هنوز به افراط مشروب می‌آشامید و بسیار زیاد برای ونوس قربانی می‌کند، اگرچه سخن گفتنش زنده و با روح است. بدتر شدن وضع نایب‌السلطنه در دهه پایانی زندگی، پزشک خصوصی او دکتر کلوت که یک فرانسوی ترک میهن کرده در مصر بود او را مردی شرابخوار توصیف کرده است.

محمدعلی هیچ‌گاه کانالی در سوئز نمی‌خواست، زیرا معتقد بود موجب تحریک انگلیس می‌شود و انها را وامی‌دارد به یورش (در سال ۱۸۸۲ چنین اتفاقی رخ داد). پس از ساختن کانال وارثان نایب‌السلطنه با گردآوری و اسراف و اتلاف و ورشکسته کردن مصر، آن را تحت‌الحمایه انگلستان کردند. دودمان شاهان دست نشانده او هنگامی به پایان رسید که پسر فاروق اول در ۱۹۵۳ خلع شد.

***

برناردین دروتی در سال ۱۸۵۲ در سالخوردگی تسلیم مرگ شد. مصرشناسی او را ثروتمند کرده بود و پیش از مرگ از شغل کنسولی بازنشسته و در سال ۱۸۲۹ بی‌درنگ پس از دریافت نامه شامپوین به اروپا برگشت. در ۱۸۲۶ سومین مجموعه نفیس خود را به مبلغ سی‌هزار فرانک به یکی از موزه‌های مصر

در برلین فروخت. سلامت او در سال‌های پایانی خوب نبود. زندگی در فرانسه را زمستان‌ها در نیس با هوای مدیترانه‌ای می‌گذراند و تابستان‌ها در تورین. در جامعه‌ی علمی و تاریخی او سرشناس بود. اما پس از مرگش خانواده خوشنامی برجای نگذاشت.

***

زرافه حدود هیجده سال در پاریس زندگی کرد. یعنی تا سال ۱۸۳۰ زمانی که لوئی فیلیپ، قدرت خود را به شارل دهم داد.۱۲۰ روز پس از آن که سرانجام ستون مزبور در ۱۸۳۶ نصب شد، شارل دهم در تبعید دوم خود در گذشت. به سال ۱۸۳۷، زمانی که نخستین ترن فرانسه شهر را به قصد حومه غربی سن‌ژرمن آن‌له پشت سر نهاد، زرافه در پاریس بود. همچنین در آن سال طاق پیروزی سرانجام پس از ۳۱ سال از تاریخ آغاز ساختن آن توسط ناپلئون به افتخار ارتش امپراتوری‌اش تکمیل شد. در سال ۱۸۴۰ که جنازه‌ی ناپلئون از سنت هلن وارد شد و از زیر طاق به مقبره‌ی همیشگی او عبور داده شد زرافه در پاریس بود.

در سال ۱۸۲۸ برای فیل ساکن باغ جفتی وارد شد و این اتفاق جمعیتی را به باغ کشانید که به امید مشاهده فیل زحمت بسیاری کشیده بودند. اما زرافه هرگز جفتی نداشت. انعکاس تصویر خودش که در دیوارهای شیشه‌ای مرتع محدوده‌اش تکه‌تکه دیده می‌شد، جفت او بود. زرافه برای مدت سیزده سال نوع خود را ندید. سپس، برای شش سال آخر زندگی‌اش، او با دومین زرافه فرانسه در باغ زیست. این زرافه ماده کم سالتر نیز در نوجوانی گرفته شده بود و می‌دانیم که به وسیله قایق به

طرف نیل سفلا آورده شده بود. وقتی که در سال ۱۸۳۹ این زرافه به پاریس وارد شد - هدیه‌ای از طرف دکتر کلوت پزشک محمدعلی که به‌تقریب همان سنی داشت که زرافه. او و زرافه در اسکندریه از هم جدا شده بودند.

زرافه در ۱۲ ژانویه ۱۸۴۵ هفت ماه پس از مرگ سنت هیلاری، درگذشت. چنان که فرانسویان می‌گویند او اهلی شده بود. و برای ده‌ها سال در راهرو بزرگ موزه باغ گیاهان در معرض نمایش بود. همچنان که دیگر زرافگان برای گذراندن زندگی به باغ آمدند، آنها نیز اهلی شدند. سرانجام موزه که با کمبود جا روبرو شد، زرافه‌ها را به موزه‌های ایالتی سراسر فرانسه اجاره دادند. تصور می‌رفت که زرافه به وردون فرستاده شده و در جنگ جهانی اول با حمله هوایی همراه موزه‌اش ویران شده باشد. گفته می‌شد که سربازان فرانسوی آنچه را که از گردن و تن مانده بود از خاکروبه‌ها بیرون کشیده آنها را سرهم کردند. شکلی که دست آمده بود بسیار خنده‌دار شده بود و برای آلمانی‌ها تبدیل شد به یک لطیفه.

اما آن یکی زرافه نبود.

امروزه به طور قطع با توجه به نشانه‌هایش در نقاشی‌هایی که طبق دستور سنت هیلاری انجام شده بود، زرافه در پاگرد یک پلکان در موزه‌ای در ساحل باختری فرانسه برپای ایستاده است.

موزه لافائل یک گوهر کوچک غیرعادی وابسته به شهرداری بود که پیش از این ساختمان بزرگ مردی بود. این ساختمان کم‌کم با آورده شدن نفیس‌ترین یادگارهای دوران پیش، شهره‌ی جهان شد. آقای لافائل که می‌خواست مجموعه‌اش دست‌نخورده بماند، خانه و باغ گیاهان مینیاتور خود را به شهرداری اهدا کرد. در ۱۷۸۲ کمی پیش از مرگش، باغ مزبور

به روی مردم گشوده شد. از آن هنگام در سیر تکاملی همان ساختمان کوچک تبدیل شده است به موزه تاریخ طبیعی روشل. اکنون همه‌ی فیلسوف‌های علوم طبیعی برای جمع‌آوری چنین مجموعه پر ارزشی به او ادای احترام می‌کنند و همواره در ذهن همگان زنده است.

شتری که ناپلئون در مصر سوارش می‌شد در اینجا همراه با زرافه نشان داده می‌شد، اما از آن زمان به موزه ناپلئون در جزیره البا منتقل شده است. جسد پر شده‌ی میمون‌های اهلی در طبقه پایین و در طبقه بالا نیم دو جین کله‌های چروکیده انسانی مومیایی شده که گفته می‌شود متعلق هستند به بربرها، همراه با یک اسکلت ۳۰۰ ساله و کل دستگاه گوارش یک لاشخور در فرمالدئید دیده می‌شد..

دیواره‌های بلند پلکان اتاقک زرافه با مجموعه گرد گرفته کله‌ها و تن‌های جانوران در اشکال و اندازه‌های بسیار مختلف- از میمون افریقایی تا گوزن امریکای شمالی- زیر نورهای رنگارنگ همچون شعله‌های در حرکت تغییر شکلی بوجود می‌آورند که تماشایی است. بر نرده‌های پلکان طبقه بالا سه اسکلت بزرگ کرگدن نصب شده.

زرافه اما از جنس هیچیک از اینها نبود، نه شکار و نه شکارچی، تنها مخرج مشترکش با دیگران جانور بودنش بود. با وابستگی جادویی‌اش به انسان‌ها هر دانش‌پژوه خبره و ماهری از شرح او عاجز می‌ماند. یکی از آنان وی را چنین توصیف می‌کرد: «نجابت بی مثال یک کودک می‌توانست این حیوان عظیم‌الجثه را با یک طناب کوچک به هر جا که می‌خواست رهنمون شود»

حتی سنت هیلاری آن کارشناس بنیادگذار جانورشناسی در مورد «تأثیر متقابل» میان انواع، از منحصر به فرد بودن زرافه گیج و متحیر بود.در پاسخ این پرسش خود در گزارش رسمی

می‌نویسد: «هدف زرافه چیست؟ دانشمندان با شگفتی جمعی می‌گویند: «بدون شک توضیح این نکته بی‌فایده است که بپرسیم چگونه و چرا ذات و گوهر هر چیزی تعیین می‌شود.»

***

اگر برای دیدن زرافه به موزه راشل می‌روید، به سمت چپ نگاه نکنید. آنجا منتهی می‌شود به یک راه پله عتیقه چوبی که گرچه زیبا ولی جایی نیست که زرافه در آنجاست. به سمت راست خود به خارج از نخستین اتاقی بروید که پر از پروانه و همین طور از میان ماهی‌ها و حلزون‌ها و اسکلت گوشت‌خواران و پستانداران نخستین و دیگر پستانداران عبور کنید تا برسید به تمساح فسیل شده ماقبل تاریخی ایتالیایی سپس به بالای پلکان سنگی پهن بنگرید و او را خواهید دید که به پایین نگاه می‌کند و بر شما خیره شده است.

شکل قرار داشتن‌اش بسیار شگفت‌انگیز است. کله‌اش طوری کج شده است که به نظر می‌رسد چشمان بزرگ سیاهش بالا رفتن شما را مد نظر دارد. پلاکی به سادگی او را «زرافه سنار» معرفی می‌کند. حتی ارتفاع افزوده شده سکوی زیر آن، به طرز شگفت‌انگیزی کوچک و ظریف است. زرافه پیش از آنکه برای ماندگاری پوستش با کاه پر شود با بی‌تجربگی و سادگی نگاهداری شده و اکنون چندان شکننده است که نمی‌توان آن را تکان داد.

پنجره‌های پشت سر او را تخته‌کوبی کرده‌اند تا آن را از کمرنگ‌تر شدن توسط آفتاب حفظ کنند. در عوض یک لامپ قوی با نور زیاد در بالای سردر به چشمانش می‌تابد و سایه‌اش را بر دیوار سپید کنار وی می‌اندازد، با این کار او در آنجا به

صورت نیمرخ سیاهی نشان داده می‌شود. به این ترتیب شکل کنونی چنان است که در درون خیمه‌ای بر عرشه قایقی در نیل سفلا در حرکت بود.

در تاریخ ۳۰ جولای ۲۰۰۳ (۸ مرداد ماه ۸۲) پایان یافت. زین‌العابدین آذرخش

AFTAB
PUBLICATION
نشر آفتاب
2016

Book Identity:

Name of book	*Zarafa*
Genre	*Roman*
Author	*Micheal Allin*
Translator	*Ali Azarakhsh*
Publisher	*Aftab Publication*
Year of publishing	*2017*
Layout	*Mahtab Mohammadi*
Cover design	*Nadia Vyshnvska*
ISBN	*978-1545272817*

نشر آفتاب

ناشر سانسور شده‌ها، نشر بی سانسور

AFTAB PUBLICATION
نشر آفتاب

نشر آفتاب منتشر کرده است:

گذار زنان از سایه به نور / ترجمه: عصمت صوفیه / عباس شکری

روشنایی / شعر / ریتوا لوکانن / برگردان: کیامرث باغبانی

واحه‌ی حیران / شعر: حسن مهدوی‌منش

از این سوی جهان / *نامه‌های منصور کوشان*

جادوی کلام / سخنرانی برندگان نوبل ادبیات: *ترجمه: عباس شکری*

حریر، مخمل، بابونه/ *رمان: مرجان ریاحی*

سبک‌تر از هوا/ *شعر: فارسی، روسی و اوکراینی / آزیتا قهرمان*

در جاده‌های بهار/ *شعر / مرجان ریاحی*

همنشین باد و سایه */ شعر / سهراب رحیمی / برگردان: آزیتا قهرما*

شهر مرقدی/ داستان کوتاه: حسین رحمت

سپنتا / رمان / کوشیار پارسی

Alive and Kiching / مجموعه داستان / ترجمه: امیر مرعشی

سوگ‌رنج‌نامه‌یِ شهادت حضرت باب / نمایشنامه / علی رفیعی

داستان‌های غریبِ غربت / مجموعه داستان / محمود فلکی

یک شب بارانی / داستان بلند / م. ب. پگاه

ما ساده‌ایم / شعر / انوشیروان سرحدی

Hovinveien 37 F, 0576 Oslo, Norway

aftab.publication@gmail.com

www.aftab.opersian.com